# 山东省藻类产业经济研究

# Algae Industrial Economy in Shandong

于　宁　杜冰青　著

海洋出版社

2020年·北京

**图书在版编目（CIP）数据**

山东省藻类产业经济研究/于宁，杜冰青著. —北京：海洋出版社，2020.10

ISBN 978-7-5210-0670-4

Ⅰ.①山… Ⅱ.①于… ②杜… Ⅲ.①微藻-产业经济-研究-山东 Ⅳ.①F326.4

中国版本图书馆 CIP 数据核字（2020）第 208256 号

山东省藻类产业经济研究

SHANDONGSHENG ZAOLEI CHANYE JINGJI YANJIU

---

责任编辑：杨传霞　赵　娟

责任印制：安　森

**海洋出版社　出版发行**

http：//www.oceanpress.com.cn

北京市海淀区大慧寺路 8 号　邮编：100081

廊坊一二〇六印刷厂印刷　新华书店发行所经销

2020 年 10 月第 1 版　2020 年 10 月北京第 1 次印刷

开本：787mm×1092mm　1/16　印张：8.5

字数：122 千字　定价：68.00 元

发行部：62100090　邮购部：62100072　总编室：62100034

# 《山东省藻类产业经济研究》撰写人员名单

于　宁　杜冰青　孙贵芹　张　超
李　静　徐　涛　高永刚　袁廷柱
王　斌　陈　玮

# 前　言

长期以来，藻类因其重要的生态服务价值、广泛的食用价值、多样化的工业用途、宝贵的药用价值而备受关注。藻类产业与其他渔业产业相比体量较小，但藻类产业链完整，产业发展与养殖业、食品工业、化工业等多个行业息息相关，在国民经济中发挥着重要作用。近年来，对藻类的需求逐渐呈增加趋势，除了传统的食用消费外，一部分藻类作为鲍鱼、虾等其他水产品的饵料，一部分随着逐渐深入的研究开发，更多的用于满足工业用途、生物医药用途等高端产品的需求。

山东省作为全国最早开展藻类养殖的省份之一，经过几十年的发展，产业链不断拓展延伸，鲜藻生产规模、藻类化工和活性物质研究与应用等均位居全国前列。但现有对藻类的研究多集中在生物学、养殖学、资源环境等角度，缺少系统的产业经济研究。山东省现代农业产业技术体系藻类创新团队产业经济岗工作小组多年来对山东省藻类产业经济进行持续跟踪研究，研究工作得到了团队其他岗位专家和综合实验站的大力支持。在此基础上，我们编撰了此书。本书从产业链的视角，对山东省藻类育苗、养殖、加工、消费和贸易各环节进行较全面系统的研究，揭示了山东省藻类产业发展的经济特征，并提出产业发展提质增效的战略措施，以期为推动山东省藻类产业进一步高质量发展提供决策参考。

# 目　录

# 第1章　引　言

## 1.1　研究背景

藻类广泛分布在地球上各种生态环境中，从陆地到海洋，从淡水到咸水，从极地到热带地区，都可以找到它们的踪迹（秦松等，2010）。从分类来看，一般分为蓝藻门、红藻门、眼虫藻门、金藻门、甲藻门、绿藻门、褐藻门等。新中国成立后，我国建立起世界上最大的藻类养殖业，藻类生长速度快、适应能力强且含有大量生物活性物质和营养物质的特性决定了其具有巨大的经济价值。我国利用藻类有悠久的历史，早在南齐，陶弘景所著的《神农本草经》和《名医别录》中就有记载；明朝李时珍的《本草纲目》和清朝吴其睿的《植物名实图考长编》等著作中均记载了海带、昆布、石莼、紫菜等藻类具有药用价值。自宋代，人们已开始食用海萝，并利用从海萝中提取的海萝胶来做浆丝。除了食用与药用价值外，藻类还广泛应用于化工业、农业等其他产业，形成了产业链式的发展。另外，藻类还具有重要的生态服务价值——藻类通过光合作用固定无机碳，使之转化为碳水化合物，从而为水域生产力提供基础；藻类可以有效调节水域富营养化；藻类对一些重金属具有吸附功能等。

近年来，对藻类的需求逐渐呈增加趋势，除了传统的食用消费外，一部分藻类作为鲍鱼、虾等其他水产品的饵料，一部分随着逐渐深入的研究开发，更多地用于满足工业用途、生物医药用途等高端产品的需求。藻类产业链横向延伸与纵向深化凸显。

山东省濒临黄海和渤海。全省海岸线北起鲁、冀两省交界的漳卫新河河口，南至鲁、苏两省交界的绣针河河口，总长 3 345 千米，约占全国的 1/6。毗邻海域面积 15. 95 万平方千米，与全省陆地面积相当。拥有海岛 589 个，1 平方千米以上海湾 49 个，潮间带滩涂面积 3 200 多平方千米。经过几十年的发展，山东省藻类产业不断壮大，成为全国重要的产业集群之一。2019 年，全省藻类产量 664 184 吨，其中海水养殖产量 662 972 吨，海洋捕捞产量 1 212 吨。养殖产量占全国总产量的 26. 1%，在全国居第二位。2019 年，全省海水养殖藻类面积 22 331 公顷，占全国总面积的 15. 8%。山东省藻类养殖的主要品种有海带、江篱、裙带菜等。藻类苗种主要有海带、裙带菜。2019 年，全省海带育苗量 70 亿株，占全国的 18. 9%，居全国第二位。在藻类加工方面，山东省有藻类化工生产及配套企业 20 余家，占全国的一半，其中褐藻胶产量约 2. 8 万吨，超过全国总产量的 80%，褐藻酸钠、藻酸丙二醇酯等产品产量稳居世界第一。除此之外，依托山东省海洋领域科研院所数量居全国首位的雄厚科技实力，以藻类为原料的高附加值产品的研究开发凸显，产业效能不断提高，为藻类产业发展注入了新鲜血液。

然而，藻类产业作为山东省的传统渔业支柱产业，在不断发展的同时，也面临着诸多问题。

一方面，藻类生产空间趋于饱和，良种覆盖率低，生产技术、方法与设备发展缓慢，传统生产观念固化，缺乏创新，造成了藻类产量增长缓慢。2007 年之前山东省藻类产量一直居全国首位，自 2008 年起，福建省藻类产量超过山东，并在之后的年份逐步拉大差距。

另一方面，现有的对藻类的研究多集中于生物学角度、资源环境需求的生物技术角度、环境影响角度、养殖角度等，从藻类产业经济角度的探讨相对较少，且对产业经济角度的研究也多集中于紫菜和海带两个规模较大的品种。山东省作为具有完整产业链的藻类产业大省，对其藻类经济进行系统研究，不仅填补了研究空白，对全国藻类产业的发展也具有一定的借鉴意义。

另外，藻类产业链与其他水产品相比产业链横向延伸更长、纵向扩展更深，涉及的环节、相关产业与相关利益主体众多，面对藻类经济发展中出现的各种问题，需要宏观战略的指导。

总之，藻类产业相对于其他渔业产业虽然规模偏小，但随着科技研究的不断深入，在大健康领域、生物医药领域、美容养生领域、资源环境领域等的作用凸显，具有宏大的产业发展前景。因此，关于藻类产业经济的研究不仅关乎藻类产业自身、相关产业及国民经济的发展，更关乎渔业生态环境与经济的可持续发展。

自2016年起，为促进藻类产业发展，政府组织建设了山东省现代农业产业技术体系藻类创新团队，作为团队产业经济岗位专家，笔者团队开展了系统调研，并得到了其他岗位专家与综合实验站站长的工作支持，这都有助于本研究的开展。

## 1.2　研究目标

本研究有四个目标：

一是对山东省藻类产业发展状况进行系统梳理，把握产业发展脉搏，为本研究与其他后续研究奠定基础；

二是分析影响藻类产业经济发展的宏观因素与微观因素，从而明确山东省藻类产业的发展方向；

三是对山东省藻类产业发展过程中的一些较为重大的问题做出分析，为相关从业主体决策与政府制定相关产业政策提供依据；

四是提出山东省藻类产业经济发展的政策建议，为山东省藻类产业经济发展战略的制定提供参考。

## 1.3　研究内容

目前，研究没有对藻类产业进行定义，参考其他农产品产业的定义，藻类产业是指一切从事与藻类及其制品的生产、流通、加工、消费、贸易以及提供相关服务的单位或个体及其经济活动的集合。根据研究目标，本书主要研究内容包括如下章节。

第 1 章　引言。主要包括研究背景、研究目标、研究内容、研究方法与技术路线、研究特色与创新说明。

第 2 章　山东省藻类育苗。在回顾山东省藻类育苗发展历史的基础上，从产量与布局、育苗技术、育苗成本、苗种出库与交易等角度阐述山东省藻类育苗生产情况，从价值增值角度对其影响因素进行分析，同时对比福建省藻类育苗情况，借鉴其藻类育苗经验。

第 3 章　山东省藻类养殖。在回顾山东省藻类养殖发展历史的基础上，从养殖产量与面积、种类与分布、养殖设备与技术、养殖主体等角度阐述山东省藻类育苗生产情况，分析中国与世界藻类养殖情况，进而从价值增值角度对其影响因素进行分析。

第 4 章　山东省藻类加工。在回顾山东省藻类加工发展历史的基础上，将藻类加工按加工程度分为初级加工与精深加工，按用途分为食品加工、化工加工、生物医药加工等，按照分类从加工规模、加工产量、加工主体、加工成本、加工布局、经济与社会效益等角度阐述山东省藻类加工情况，分析山东省藻类加工业的特点与存在问题，进而从价值增值角度对其影响因素进行分析。

第 5 章　山东省藻类消费。在分析藻类消费的总体情况基础上，对藻类产品开展消费者调研，对具体的消费行为及影响因素进行分析。

第 6 章　山东省藻类贸易。对山东省主要藻类及制品贸易量与贸易额情况、全国贸易对比、市场结构情况分别进行分析。

第 7 章　山东省藻类产业经济典型分析。对山东省藻类产业发展中的四项典型问题进行探讨。主要包括藻类养殖面积计量统计问题分析、山东省紫菜产业推广发展分析、鲁闽藻类产业对比分析与山东省藻类产业链特征分析。

第 8 章　山东省藻类产业提质增效发展战略。提出山东省藻类产业经济发展的政策建议，为山东省藻类产业经济发展战略的制定提供参考。

第 9 章　结论与展望。这一部分对本研究进行总结，在此基础上对研究的不足和需要进一步研究的问题进行讨论。

## 1.4　研究方法与技术路线

### 1.4.1　研究方法

（1）文献分析法。通过查阅与本研究有关的专著、学术论文、新闻报道等，借鉴研究成果和思路，对山东省藻类产业经济进行研究。

（2）描述性统计方法。利用统计年鉴数据和调查数据，分析山东省藻类产业现状。

（3）问卷调查法。对藻类养殖-初级加工企业和消费者采用问卷调查的方法，对其生产情况和消费情况进行调查。

### 1.4.2　技术路线

本书从产业链角度出发，梳理山东省藻类产业发展演变，掌握产业发展脉络与趋势，揭示山东省藻类产业发展的经济特征；同时对产业发展中的典型经济问题与特征进行研究，做出分析与判断；最后，在上述研究结果的基础上，提出山东省藻类产业提质增效的发展战略。本研究的技术路线如图 1-1 所示。

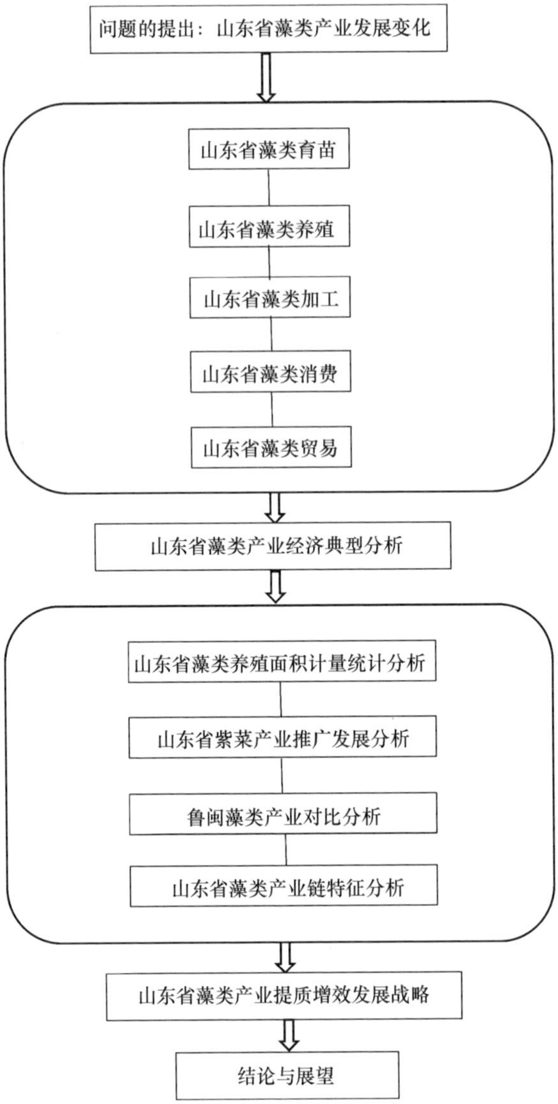


图 1-1　山东省藻类产业经济研究技术路线

## 1.5　研究特色与创新说明

全书贯穿对产业的比较研究，既有山东省藻类产业发展不同历史时期的纵向比较，也有不同省份间的横向比较，还有全省层面与全国层面的比较，同时兼顾产业链视角，从藻类育苗、养殖、加工、流通、消费、贸易多个维度透视山东省藻类产业发展的经济特征。另外，紧跟时代步伐，从宏观层面聚焦发展过程中的典型特征与问题，揭示产业经济方面的热点、重点问题，做出分析判断。

# 第2章　山东省藻类育苗

山东省藻类育苗的主要品种有海带、裙带菜和紫菜，其中以海带育苗为主，裙带菜与紫菜育苗量较少。因此本章节以海带育苗为主。

## 2.1　发展历史

山东省作为全国最早开展藻类育苗的省份，最早于20世纪50年代开展海带育苗工作，以自然采苗的方式进行。50年代末期，中国科学院海洋研究所和山东海洋学院（现中国海洋大学）合作，在海洋研究所成立了海藻遗传育种组，开展了海藻遗传育种的研究，选育出了“海青一号”“海青二号”“海青三号”等一系列新品系，大大提高了海带产量。20世纪70年代，中国水产科学研究院黄海水产研究所和中国科学院海洋研究所培育出了两个新品种系860和1170。在这期间，又培育了59-1号、243号等优良品系，并进行了大面积推广。随着海带新品系的出现，海带育种的原理和方法也得到了普及，一些海带育苗与养殖企业及科研机构选育出了“大板”“奔牛”“爱伦湾”“海科一号”“烟杂”“东方系列”若干优良品系。以上优良品系得到推广，推动了山东省海带养殖事业的发展。

在育苗方法上，1956年以前采取自然海区育苗法，这种自然海区育苗法，是作为海带筏式全人工养殖法的重要组成部分而被同时采用的。它的基本方法是：在秋季，自然海区水温降到适宜程度（20℃）的时候，利用发育成熟的种海带采孢子，将孢子附着在基质上，培育在预先设置好的筏架上，海带孢子萌发、发育、长成海带幼苗。这种育苗法培育的幼苗即秋苗。1956年至今，采取全人工室内低温度夏育苗法，也称夏苗培育法，解决了苗种度夏的问题，使我国的海带养殖业产生了一次飞跃。基本方法是：在六七月间采孢子，室内低温（5~10℃）度夏，到 10 月下旬左右，待自然海水水温降到适宜（低于 20℃）时，幼苗出库移至海上养殖，幼苗需在育苗室低温培育 3 个半月左右（李大鹏等，2002）。近年来，以东方海洋公司为主体的藻类工作者从 20 世纪 90 年代开始研究开发了海带配子体克隆技术应用于育苗工作，2000 年左右将其引入生产过程，培育了克隆海带新品种“东方三号”。这种育苗方法与传统的育苗方法相比具有以下四个特点：一是配子体克隆栽培时间短，效率高且育苗工艺简单；二是该苗种是利用单个的、具有发育全能型的细胞培育的，和大田选种、大田培育、混水培育相比，苗种纯度高，可提高养殖厂家的经济效益；三是配子体克隆育苗时间一般在 8 月中旬、最晚可持续到 8 月底，和孢子体育苗相比育苗时间缩短将近 20 天，可以大大地节省人力、物力、财力，具有劳动强度小、成本低等优点；四是配子体克隆可以随时随地育苗，不受季节限制，不仅能够延长优良品种的使用寿命，还可以使杂种优势得到直接利用（张壮志等，2010）。

## 2. 2　产量与布局

山东省海带苗种产量除 2011 年为 205 亿株（占全国一半以上）外，其余年份产量相对比较稳定，2019 年有所下降，占全国海带苗种生产总量的百分比总体呈下降趋势。2019 年海带苗种产量为 70 亿株，占全国总量的 18. 9%（表 2-1）。

**表 2-1　山东省海带苗种产量及百分比**

| 年份 | 产量（亿株） | 占全国总量百分比（%） |
|---|---|---|
| 2011 | 205 | 52. 0 |
| 2012 | 81 | 28. 0 |
| 2013 | 84 | 27. 8 |
| 2014 | 91 | 27. 9 |

续表

| 年份 | 产量（亿株） | 占全国总量百分比（%） |
|---|---|---|
| 2015 | 86 | 25.5 |
| 2016 | 88 | 18.5 |
| 2017 | 93 | 19.2 |
| 2018 | 94 | 19.2 |
| 2019 | 70 | 18.9 |

数据来源：中国渔业统计年鉴（2012—2020）

山东省的海带苗种生产主要分布在威海市和烟台市，其中威海市约占2/3，烟台市约占1/3（表2-2）。

**表2-2 山东省海带苗种产量分布**

| 年份 | 威海市产量（亿株） | 烟台市产量（亿株） | 青岛市产量（亿株） |
|---|---|---|---|
| 2013 | 51 | 33 | 0 |
| 2014 | 66 | 21 | 4 |
| 2015 | 65 | 21 | 0 |
| 2016 | 66 | 22 | 0 |
| 2017 | 67 | 26 | 0 |
| 2018 | 68 | 26 | 0 |
| 2019 | 60 | 10 | 0 |

数据来源：山东渔业统计年鉴（2013—2019）

山东省海带苗种主要分布在11家育苗公司，其中9家在威海荣成。除海带苗种生产外，多数企业也从事海带的养殖与加工。

## 2.3 育苗成本

在苗种生产的成本方面，除了厂房、设备等固定资产投资外，每年的主要成本有苗种附着基成本、电费和人工费三大部分。① 附着基成本：每年都需要更换的棕绳价格约 24 元/斤①，且持续上涨，每帘用绳量 1.3~1.4 斤，附着基成本在 30~45 元/帘；② 电费：农业用电在 0.5~0.6 元/度，如安装热量回收装置该部分成本降低；③ 人工费：该部分因管理技术水平不同，各企业间存在显著差异，但近些年来，人工费上涨迅速，2000 年人工 20 元/天，2017 年达到 100 元/天。苗种附着基即苗帘，由竹制框架和红棕绳组成，总苗绳长 62.5 米。通过对苗种生产企业的调研发现，每生产一帘苗种成本 200 余元。其中占到总成本约 20%的附着基成本由于红棕绳的成本升高而呈上升趋势，若使用南方海带苗种生产普遍使用的维尼龙绳成本可降低约 60%，但大范围地使用推广存在一定困难，一是由于在生产过程中红棕绳更易操作，因而一线技术人员排斥维尼龙绳的使用；二是由于受传统观念的局限，苗种购买者认知不足，多数企业更愿意因循守旧而不愿承担滞销风险。2018 年起，东方海洋公司对维尼龙绳的使用首先进行了生产试验，为维尼龙绳在全省范围内推广使用，进一步降低生产成本迈出了第一步。

## 2.4　出库与交易

海带苗帘出库与交易的时间集中在 10 月份一两周的时间内，交易方式为养殖户与育苗场直接交易，没有形成稳定的订单交易。因此，有些企业会在 6、7 月份对老客户做回访了解需求，为后续生产做参考。海带苗种价格在出库的一两周的时间内变动较大，若预估市场供应量充足，养殖户会拖延购买时间并压低价格，若预估市场供应量不足，养殖户会尽早购买苗种，而相应的苗种企业会抬高价格，导致苗种价格波动较大，2008 年时，海带苗种价格最高达到 2 200 元/帘。调研发现，山东省近几年苗种价格相对波动较小，为 200~380 元/帘，2018 年有所回落，2019 年又有所上升（表 2-3）。造成苗种价格较低且不稳定的原因：一是由于苗种市场不同厂商间产品的差异性较小，基本为同

① 斤为非法定计量单位，1 斤=500 克。

质产品，因此卖方竞争激烈；二是海带苗种本身出库后较难保存的特性导致厂商必须尽早出手；三是买卖双方都追求自身利益最大化，供大于求时价格被压低，供小于求时价格被抬高，育苗厂商与养殖方关系对立。

**表 2-3　山东省 2015—2019 年海带苗种价格**

| 年份 | 2015 年 | 2016 年 | 2017 年 | 2018 年 | 2019 年 |
| --- | --- | --- | --- | --- | --- |
| 价格（元/帘） | 200~400 | 280~360 | 300~380 | 200~260 | 260~300 |

## 2.5　增值影响因素与对策

海带育苗环节的最终产品为海带苗种，最终消费者为海带养殖主体，因此海带育苗环节的收益与苗种产品是否满足海带养殖主体的需求息息相关，识别养殖主体的价值偏好十分重要（图 2-1）。

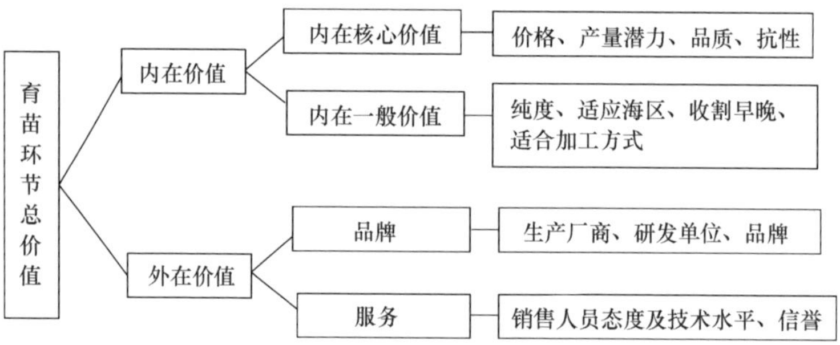


图 2-1　海带育苗环节价值要素及评价指标

从图 2-1 来看，海带育苗环节的总价值分为内在价值和外在价值，内在价值为海带苗种购买者即海带养殖者所最注重的海带养殖的品性，外在价值为其他影响其购买的外在因素。从调研结果来看，山东省共有 11 家苗种生产企业，企业间苗种产品的外观基本相同，不同品种的产品间有所差异，但总体来说差异性不大，在营销方面，基本无广告宣传、产品包装、售后服务等营销手段，销售期间的主要促销方式基本都为调低价格这种最原始的方式，这与海带苗种生长时间的特殊性有关；养殖主体的购买行为基本是依靠多年养殖经验来选择，且一般会购买多家厂商的多个品种以分散养殖风险，影响其购买的主要因素除了苗种质量外，价格占了很大比例，对于外在价值比较不看重。

根据价值增值公式 $V=R-I$，$V$ 表示价值增值，$R$ 表示收益，$I$ 表示投入成本。要使价值增值最大化，一是增加收益，二是缩减成本。要实现增值最大化，一是增加育苗环节总价值，二是进行成本控制。内在价值的增加主要有科技研发、育苗技术、设施设备等影响因素，即企业的科研投入、成果与应用，企业育苗技术的研发与育苗人才的培养，育苗生产设施设备的现代化程度等；外在价值影响因素主要有品牌建设、员工培训与管理、企业管理等，即企业品牌打造的知名度与信赖度，对企业销售员工的培训与管理力度，以及对人员、生产、产品等的管理优化程度；成本控制的影响因素包括规模生产、企业管理、生产运营效率等，规模生产除了可以提高产量外，还可以最大限度地减少生产所必需的原材料等可变成本，企业管理的有效性可以使企业的生产、后勤、财务、营销等各部门衔接顺畅，减少内耗成本，生产运营效率的提高可以减少企业生产成本，如生产现代化减少人员的使用、改造设备循环利用减少电费等（图 2-2）。

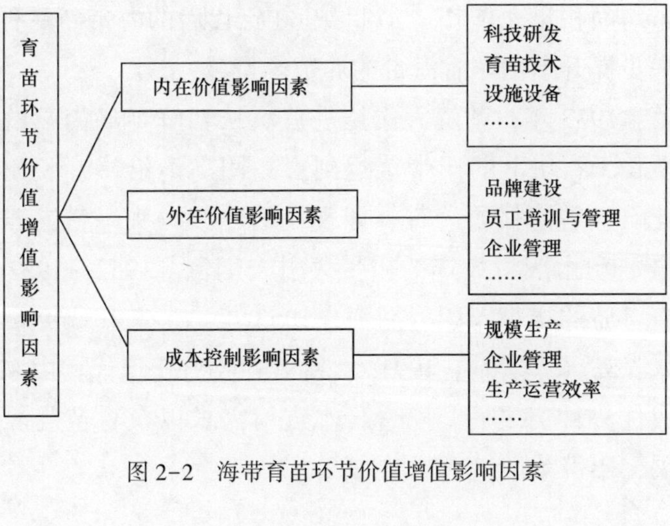


图 2-2　海带育苗环节价值增值影响因素

# 第3章　山东省藻类养殖

## 3.1　发展历史

山东省藻类的养殖历史较为悠久。

海带：1943年，日本人大规洋四郎首次从大连移植海带到烟台进行试养。新中国成立后，我国科学家及相关单位进行了海带养殖生物学的研究，创立了海带全人工筏式养殖技术，打破了过去海带只能生长在海底礁石上的局限，为我国海带养殖业的发展打下了坚实的基础；海带施肥养殖的研究解决了我国北方贫瘠海区及外海海域海带养殖的关键问题，并迅速在北方广大海区推广应用（冯蕾等，2005）。技术上的重大突破使山东省海带养殖从自然采捕向大面积人工养殖发展，海带养殖产量与面积迅速增长。20世纪60年代后的海带新品种的培育与发展，进一步提升了山东省海带的养殖产量。

裙带菜：1933年，朝鲜人文德进首次从朝鲜半岛南端的济州岛用小汽船把生长于石块上的裙带菜运到青岛团岛湾沿岸、胶州湾内小港口外的棉花石、后海栈桥一带，即现在的轮渡码头一带，养殖获得成功。1944年，牟永庆将大连的裙带菜引入烟台。1952—1953年，李宏基研究员将青岛的裙带菜引入威海。1953年，李宏基研究员将大连的裙带菜引入长岛（李宏基，1991）。到20世纪80年代，山东海区的裙带菜已形成优势种，之后，随着日本进口需求以及育苗与养殖技术的研究与发展，裙带菜产量不断增加。

## 3.2　总体概况

2019 年，山东全省藻类养殖产量 662 972 吨，比上年减少 0.4%，占全国藻类养殖产量的 26.1%。从时间变化来看，山东省藻类养殖产量 2011—2019 年总体呈增长趋势，年均增长约 3.4%，2014 年之后产量基本平稳（图 3-1）。2019 年全省藻类养殖面积 22 331 公顷，比上年减少 11.9%。2011—2017 年藻类养殖面积总体呈上升趋势，2018 年、2019 年连续下降（图 3-2）。

图 3-1　2011—2019 年山东省藻类养殖产量

数据来源：中国渔业统计年鉴（2012—2020）

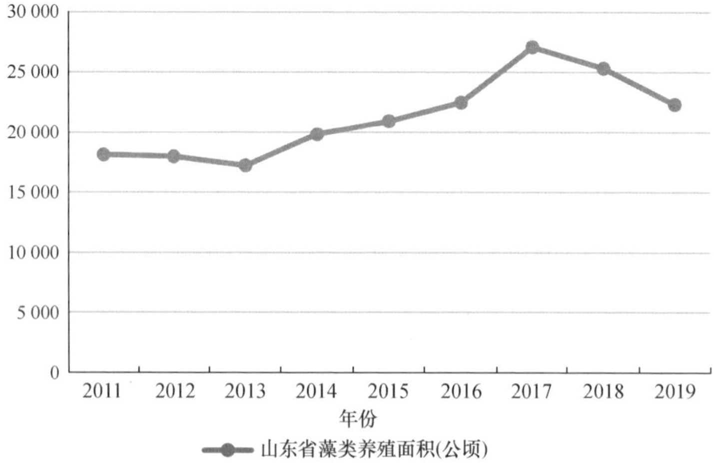


图 3-2　2011—2019 年山东省藻类养殖面积

数据来源：中国渔业统计年鉴（2012—2020）

## 3.3　种类与分布

目前，山东省藻类养殖的主要种类为海带、裙带菜、紫菜、江蓠（图 3-3）。2019 年，山东省海带产量 481 289 吨、裙带菜 48 590 吨、

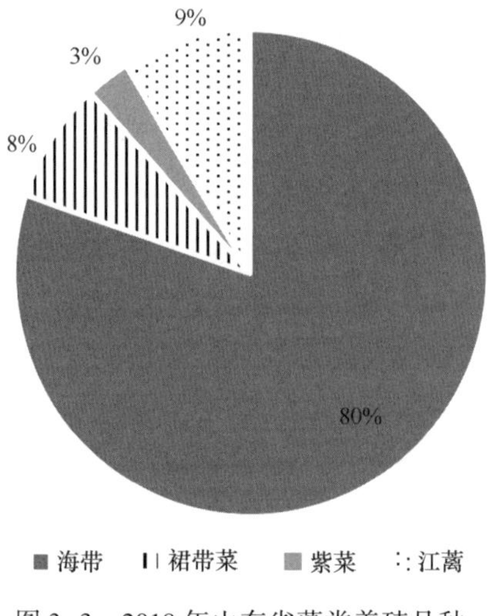


图 3-3　2018 年山东省藻类养殖品种

数据来源：中国渔业统计年鉴（2020）

紫菜 17 785 吨、江蓠 52 584 吨。海带养殖面积 15 245 公顷、裙带菜 1 164 公顷、紫菜 2 242 公顷、江蓠 1 000 公顷（表 3-1）。

**表 3-1　2019 年山东省藻类养殖产量**

| 品种 | 养殖产量（吨） | 占全国百分比（%） | 养殖面积（公顷） | 占全国百分比（%） |
|---|---|---|---|---|
| 藻类 | 662 972 | 26. 1 | 22 331 | 15. 8 |
| 海带 | 481 289 | 29. 6 | 15 245 | 34. 3 |
| 裙带菜 | 48 590 | 24. 0 | 1 164 | 16. 8 |
| 紫菜 | 17 785 | 8. 4 | 2 242 | 3. 0 |
| 江蓠 | 52 584 | 15. 1 | 1 000 | 10. 7 |

数据来源：中国渔业统计年鉴（2020）

山东省藻类养殖主要分布在威海市、烟台市、青岛市和日照市（表 3-2）。2019 年，全省藻类养殖总产量 662 972 吨，其中威海市 583 040 吨、烟台市 72 296 吨、日照市 3 516 吨、青岛市 4 120 吨。细分地区来看，威海市主要分布在荣成市（552 998 吨，占全省的 83. 4%），乳山市、文登区、威海经济开发区也有分布；烟台市主要分布在长岛县（44 312 吨，占全省的 6. 7%），蓬莱市、烟台开发区也有分布；日照市主要分布在东港区；青岛市少量养殖，分布在黄岛区、崂山区和城阳区。

**表 3-2　2019 年山东省藻类养殖地域分布**

| | 威海 | 烟台 | 日照 | 青岛 |
|---|---|---|---|---|
| 养殖产量占藻类总产量百分比（%） | 87. 9 | 10. 9 | 0. 5 | 0. 6 |

数据来源：中国渔业统计年鉴（2020）

从品种来看，海带养殖主要分布在威海市和烟台市，青岛市和日照市有少量养殖；裙带菜养殖主要分布在威海市，烟台市少量养殖；紫菜主要分布在威海市与日照市，江蓠分布在威海市。

## 3.4 生产概况

### 3.4.1 海带

山东省海带养殖产量在2014年以前稳定在21万~25万吨之间，2014年之后迅速增加到55万吨以上，但之后产量逐年小幅度下滑。从养殖面积来看，2017年之前呈上升趋势，到2017年海带养殖面积增加到18 397公顷，占全国的41.6%，2018—2019年养殖面积有连续下滑。从养殖产量与养殖面积占全国百分比来看，除2015年外，其他年份海带养殖产量占全国百分比都低于海带养殖面积占全国百分比，但两者差值在2014年以后迅速缩小，说明山东省海带产出效率偏低，但2014年后海带产出效率有了大幅度提升。2019年，威海市海带产量411 200吨，占全省总产量的85.4%；烟台市海带产量68 709吨（占14.3%），青岛市海带产量1 120吨（占0.2%），日照市海带产量260吨（占0.1%）。其中威海市海带养殖集中在荣成市，烟台市海带养殖以长岛县为主。表3-3为2011—2019年山东省海带养殖情况。

**表3-3 2011—2019年山东省海带养殖产量与面积**

| 年份 | 养殖产量（吨） | 占全国百分比（%） | 养殖面积（公顷） | 占全国百分比（%） |
|---|---|---|---|---|
| 2011 | 215 510 | 23.7 | 15 919 | 39.9 |
| 2012 | 234 762 | 24.0 | 16 100 | 40.0 |
| 2013 | 246 037 | 24.2 | 14 014 | 37.6 |
| 2014 | 556 388 | 40.9 | 16 508 | 41.4 |
| 2015 | 556 264 | 39.4 | 17 014 | 39.0 |
| 2016 | 533 439 | 36.5 | 16 494 | 37.2 |
| 2017 | 531 330 | 35.7 | 18 397 | 41.6 |
| 2018 | 506 838 | 33.3 | 17 156 | 38.0 |
| 2019 | 481 289 | 29.6 | 15 245 | 34.3 |

数据来源：中国渔业统计年鉴（2012—2020）

山东省海带养殖周期从 10 月份至翌年 7 月份，海带收割一般最早 4 月初开始，到 7 月中旬收割结束，最晚能到 8 月份，收割时间长短与天气状况有关，但 8 月中旬以后就到台风季，台风到来之前必须完成收割。在海区的选择上，山东省海带养殖从开始的近海养殖逐步向深水、流大的深海养殖发展，减小了病害发生的概率。养殖方式为通过海上筏架垂养，养殖筏架一般包括浮梗、橛绠、木橛（或石砣）、塑料浮漂，苗绳通过吊绳绑在浮梗上，浮梗长度荣成地区大多为 100 米，两浮梗间隔约 5 米，而长岛地区浮梗长度为 80 米，两浮梗间隔约 8 米。海带养殖过程中需要进行养殖管理，根据养殖期间的水温、光照等变化和海带生长发育不同阶段的特性与需求进行相应管理。海带收割时期需要大量劳动力，山东省一般采取渔船人工整收的方法，在一段时期内集中收割。

在单产上，海区不同，离海远近不同，产量也不一样。低区（水深 6~7 米）7~8 吨/亩[①]；中区（水深 14~15 米）14 吨/亩；中高区（水深约 18 米）12 吨/亩；大高区（水深 25 米以上）10 吨/亩（此指鲜菜）。就干菜产量来说，平均亩产 1.7~1.8 吨淡干菜。

### 3.4.2　裙带菜

总体来说，山东省裙带菜养殖产量总体呈上升趋势，年均增长 21.3%。从 2012 年起，裙带菜养殖产量比 2011 年增加了约 90%，且之后在波动中逐渐增加，占全国百分比也逐渐增大，2018 年裙带菜养殖产量增加明显，达到 58 653 吨，比 2017 年增加 18.5%，但 2019 年又大幅度下降。养殖面积上波动较大。2018 年，裙带菜养殖面积增加显著，占全国百分比增加到 27.1%，但 2019 年又迅速缩水到最低点 1 164 公顷。表 3-4 为 2011—2018 年山东省裙带菜养殖情况。

① 亩为非法定计量单位，1 亩≈667 平方米。

表 3-4　2011—2019 年山东省裙带菜养殖产量与面积

| 年份 | 养殖产量（吨） | 占全国百分比（%） | 养殖面积（公顷） | 占全国百分比（%） |
|---|---|---|---|---|
| 2011 | 23 570 | 17.6 | 1 212 | 15.1 |
| 2012 | 44 771 | 25.6 | 1 499 | 19.3 |
| 2013 | 38 679 | 22.7 | 1 393 | 17.0 |
| 2014 | 40 709 | 20.0 | 1 390 | 18.1 |
| 2015 | 38 940 | 20.2 | 1 230 | 17.8 |
| 2016 | 43 961 | 28.8 | 1 363 | 18.7 |
| 2017 | 49 514 | 29.7 | 1 313 | 20.4 |
| 2018 | 58 653 | 33.4 | 1 964 | 27.1 |
| 2019 | 48 590 | 24.0 | 1 164 | 16.8 |

数据来源：中国渔业统计年鉴（2012—2020）

### 3.4.3　紫菜

山东省从 2012 年起开始有紫菜养殖，早期主要分布在日照市，近年来威海市养殖面积增加并成为山东省紫菜养殖主产区。总体来说，养殖产量与面积呈上升趋势。从 2017 年起，紫菜产量与面积有大幅度提升，这主要是 2017 年在江苏省紫菜协会的牵头下，多家江苏紫菜企业来山东省以多种形式进行紫菜养殖，山东省海藻养殖企业也进行了试养，使得紫菜产量迅速增加。2019 年全省养殖紫菜 17 785 吨，养殖面积 2 242 公顷。表 3-5 为 2011—2019 年山东省紫菜养殖情况。

表 3-5　2011—2019 年山东省紫菜养殖产量与面积

| 年份 | 养殖产量（吨） | 占全国百分比（%） | 养殖面积（公顷） | 占全国百分比（%） |
|---|---|---|---|---|
| 2011 | 0 | 0 | 0 | 0 |
| 2012 | 885 | 0.8 | 367 | 0.6 |
| 2013 | 550 | 0.5 | 115 | 0.2 |
| 2014 | 1 890 | 1.7 | 265 | 0.4 |
| 2015 | 690 | 0.6 | 170 | 0.3 |

续表

| 年份 | 养殖产量（吨） | 占全国百分比（%） | 养殖面积（公顷） | 占全国百分比（%） |
|---|---|---|---|---|
| 2016 | 972 | 0.7 | 460 | 0.6 |
| 2017 | 14 931 | 8.6 | 2 978 | 3.7 |
| 2018 | 15 603 | 7.7 | 2 313 | 3.0 |
| 2019 | 17 785 | 8.4 | 2 242 | 3.0 |

数据来源：中国渔业统计年鉴（2012—2020）

### 3.4.4　江蓠

山东省江蓠养殖产量总体呈上升趋势。2012 年起，江蓠养殖产量增加显著，比 2011 年增加了近 10 倍，到 2014 年达到 60 797 吨，但从 2015 年起产量下滑，稳定在 5 万吨左右，占全国总产量百分比也逐年下降。养殖面积从 2011 年的仅 67 公顷增长到 2017 年的 1 299 公顷，增长了 19 倍，但 2018—2019 年小幅度下降。表 3-6 为 2011—2019 年山东省江蓠养殖情况。

表 3-6　2011—2019 年山东省江蓠养殖产量与面积

| 年份 | 养殖产量（吨） | 占全国百分比（%） | 养殖面积（公顷） | 占全国百分比（%） |
|---|---|---|---|---|
| 2011 | 2 000 | 1.3 | 67 | 1.0 |
| 2012 | 21 335 | 10.8 | 10 | 0.1 |
| 2013 | 51 221 | 20.8 | 641 | 6.8 |
| 2014 | 60 797 | 23.2% | 1 117 | 11.5 |
| 2015 | 48 940 | 18.1 | 1 116 | 11.3 |
| 2016 | 51 996 | 17.7 | 1 117 | 11.3 |
| 2017 | 48 394 | 15.7 | 1 299 | 14.7 |
| 2018 | 50 131 | 15.2 | 1 078 | 12.0 |
| 2019 | 52 584 | 15.1 | 1 000 | 10.7 |

数据来源：中国渔业统计年鉴（2012—2020）

## 3.5 养殖主体与成本

### 3.5.1 养殖主体

山东省藻类养殖主体约300家，有个体养殖户和企业两种类型，养殖主体的养殖面积相对较大。在养殖种类上，与山东省各种藻类养殖产量相一致，养殖海带的主体占绝大多数且数量较为稳定，养殖裙带菜的主体有所减少，养殖紫菜的主体近年来增加较多。以养殖海带的主体为例，企业的养殖面积较大，2017年，荣成15家10 000亩以上的企业的养殖面积占到荣成总养殖面积的51%（表3-7）。

**表3-7　2017年荣成市海带养殖个体规模**

| 养殖面积（确权水面面积） | 数量（家） | 总亩数（万亩） | 占总数百分比（%） |
|---|---|---|---|
| 1 000亩以上 | 68 | 42 | 94 |
| 2 000亩以上 | 56 | 40 | 90 |
| 3 000亩以上 | 43 | 37 | 83 |
| 4 000亩以上 | 35 | 34 | 77 |
| 5 000亩以上 | 27 | 31 | 59 |
| 6 000亩以上 | 22 | 28 | 63 |
| 7 000亩以上 | 19 | 26 | 58 |
| 10 000亩以上 | 15 | 23 | 51 |
| 15 000亩以上 | 5 | 11 | 25 |
| 20 000亩以上 | 2 | 6 | 14 |

### 3.5.2 养殖成本

（1）海带

海带养殖成本分为固定成本和变动成本。固定成本主要为海上的养殖设备，如桩、绳、浮漂等，每年也要视损耗情况适时补充；变动成本主要为苗种费用、人工费用、燃油费用、船只维修费用等，其中，人工费用占比例最高且费用逐年增高，2020 年受疫情影响，长岛晒海带的人工费用达到每人每月 4 500 元。由于调研所走访的养殖企业多为个体经营，没有对成本收益情况的详细计算，对每年的具体项目耗费大都比较模糊，但对总体的成本有笼统计算，经多家调研，养殖主体表示每亩海带的养殖成本为 1 600~2 000 元。

（2）紫菜

紫菜的养殖方式主要有插杆式与翻板式两种。成本构成有固定成本和变动成本两种。固定成本主要包括采收船、运输船与木桩费用；变动成本主要包括苗种、人工、竹竿/网帘、浮绳/浮漂、燃油、维修保养等费用。经调研计算，插杆式养殖成本约为 2 360 元/亩，翻板式养殖成本约为 2 100 元/亩。

## 3.6　发展问题

一是养殖技术与管理比较粗放，养殖技术人员的经验与能力对养殖好坏影响较大，没有形成一套行之有效的具体标准技术方法，且大多数养殖主体“求量轻质”，夹苗密度过大导致海带品质不高。

二是养殖设备机械化程度较低，劳动力成本不断攀升，个别月份劳动力短缺严重。由于藻类产品的养殖为周期性集中作业，在收割季节需要大量的劳动力，而山东省普遍存在着季节性劳动力短缺与老龄化的问题。近年来，劳动力价格不断上涨，而藻类产品的特殊性又导致了对劳动力需求的刚性特点，因此，很多企业为保证收割季节有充足的劳动力，长期开工资以留住工人，导致企业成本大幅度攀升。另一方面来讲，藻类养殖长期以来还是属于经济效益较低的传统产业，而很多劳动力更愿意外出打工获取更高的报酬，因此导致从事藻类养殖的劳动力出现老龄化趋势。

三是从宏观角度来看，山东省海带养殖的两个主要地区——荣成与长岛的海带养殖空间已基本饱和，开发深远海养殖由于技术和管理成本的问题短期内较难推广。

## 3.7 增值影响因素与对策

藻类养殖环节的最终产品为鲜藻类产品，考虑到山东省藻类养殖主体一般也参与淡干和盐渍藻类的初级加工的实际情况，因此以经营主体为单位进行综合分析。此环节的最终产品即为鲜藻类、淡干藻类和盐渍藻类，最终产品的购买者为化工企业、加工企业、经销商等（图 3-4）。

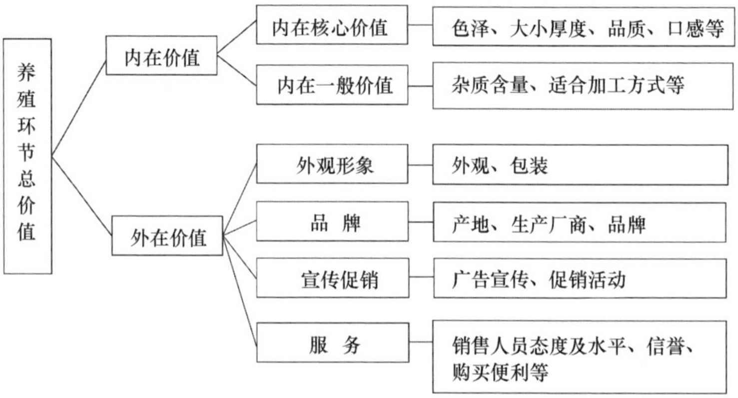


图 3-4　藻类养殖环节价值要素及评价指标

从图 3-4 来看，藻类养殖环节总价值分为内在价值和外在价值，内在价值为最终购买者所比较注重的藻类产品品质等内在属性，外在价值为影响其购买的其他影响因素。从调研结果来看，山东省藻类养殖主体约 300 家，以个体经营为主，总体为多且散的状态，且养殖主体大多受教育水平较低，生产经营方式较为粗放传统，价格话语权较低。在藻类产品品质方面，长岛县由于天然海区环境优势，藻类品质最优，一般加工为淡干产品做出口，大多被中粮集团收购，但价格也被其把控；荣成、烟台地区藻类品质也较为优良，但由于个体散乱，产品差异性小，价格也受制于人。在外在价值方面，养殖主体通常不注重产品包装、宣传、服务，大型的藻类养殖企业可能较为注重品牌的打造与产品的促销，但大多数个体经营的养殖主体还是采取“等客上门”的传统营销方式，缺乏积极主动性。

根据价值增值公式，要实现增值最大化，一是增加养殖环节总价值，二是进行成本控制，如图 3-5 所示。内在价值的增加主要有海区环境条件、养殖技术与管理、设施设备等因素，即养殖主体要选择适宜藻类生长的海区，招聘具有先进养殖技术的人员、与科研机构合作、探索科学的养殖管理模式，提高养殖设施设备的现代化水平；外在价值的增加主要有品牌建设、员工培训与管理、内部管理等，在品牌建设方面，除了企业自身的建设工作外，地方政府的产地品牌建设也是重要的一环。另外，要提高员工业务水平与素质，提高组织内部各环节的协调激励机制等；成本控制的影响因素包括规模生产、企业管理、生产运营效率等，规模生产可以有效减少苗种购买价格等前期投入的成本，科学合理的企业管理可以有效节省内耗成本，高效的整体生产运营可以使企业在单位时间单位投入上获得最大经济效益。

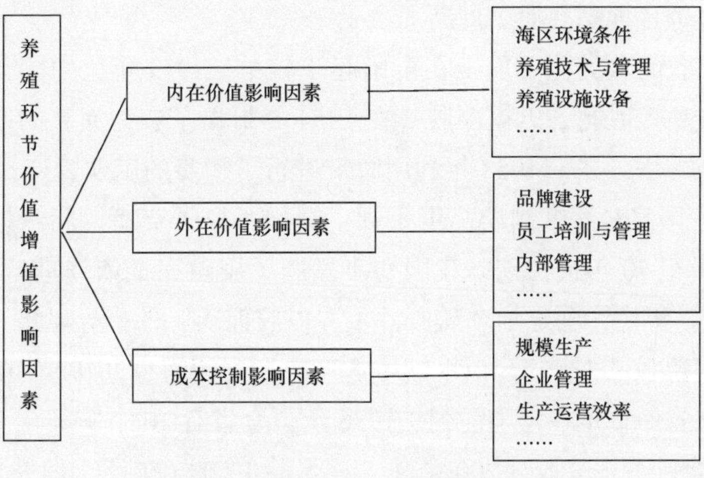


图 3-5　藻类养殖环节价值增值影响因素

# 第4章　山东省藻类加工

藻类加工环节是产业实现价值增值的关键环节，山东省藻类加工历史悠久，也是我国最早开展藻类加工的省份。从加工分类看，山东省藻类加工主要有藻类初级加工、藻类食品精深加工、藻类化工加工、藻类生物医药加工等类型。

## 4.1　发展历史

山东省的藻类食品加工早期主要是晾晒为淡干产品，在20世纪80年代开始进行煮烫和盐渍产品的加工。随着加工工艺技术的发展，藻类食品逐渐丰富起来，开始生产调味产品、汤料、面类、饮料、小零食、点心等各种藻类加工食品。

山东省的藻类化工加工在全国起步较早。1953年，中国首次从海蒿子中成功提取制备出褐藻胶，在1954年提出了较为完整的制备褐藻胶的工艺方法，并于1958年利用海带进行了初步的工业生产。20世纪60年代，国家对海带制碘高度重视，突破了离子交换树脂法提取碘工艺。20世纪70年代初期，我国初步摆脱了用碘完全依赖进口的局面。20世纪80年代，确定了“碘胶并重，以胶促碘”的指导思想，基本上形成了褐藻胶、甘露醇和碘三大类产品（刘涛等，2019）。在此过程中，山东省一直走在全国前列。1986年，全省有10个藻类化工厂，生产碘60余吨、褐藻胶3 200余吨，甘露醇1 500余吨，比1981年分别提高22%、49%、94%（高金诚等，1987）。到21世纪，“碘胶醇”三足鼎立的局面逐渐瓦解，其中碘的原料为成本更低廉的智利进口矿物碘，甘露醇工业化合成工艺的成熟（葡萄糖转化）替代了原本从藻类提取的方法，现今的藻类化工主要以褐藻胶为主要产品，且逐渐大量使用来自南美智利、阿根廷的巨藻，对海带的需求越来越少。

与此同时，山东省藻类加工逐渐朝着多元化、高附加值的方向发展，已涉及农用产品、生物医药产品、美容养生产品等的生产与研发。同时，藻类功能食品、藻类生物新材料、藻类纤维催生了新的经济增长点。

## 4.2　总体概况

藻类加工产品按加工程度可分为初级加工产品和精深加工产品，按用途可分为食用产品、化工产品、农用产品及其他产品。目前，全省拥有藻类加工企业 100 余家，以食品与化工加工为主，食品加工以加工淡干与盐渍等初级产品为主，约占海藻制品的 80%，化工加工主要是利用海带提取海藻胶等化工原料。

2019 年，山东省藻类加工品产量 357 210 吨，占全国的 31%。2011—2019 年，除 2014 年与 2015 年骤升骤降外，藻类加工品总体呈上升趋势（图 4-1）。

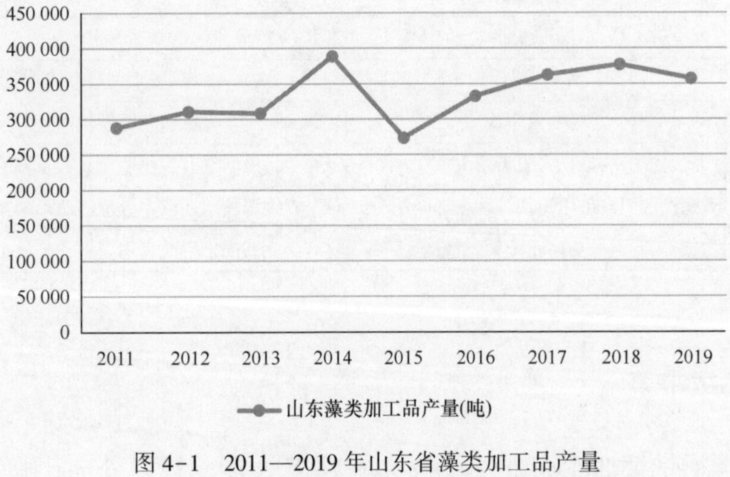


图 4-1　2011—2019 年山东省藻类加工品产量

数据来源：中国渔业统计年鉴（2012—2020）

## 4.3 藻类初级加工

### 4.3.1 海带

山东省海带初级加工主要为淡干海带与盐渍海带的生产，也是山东省海带加工的最主要的两种产品，其中淡干海带产量更大。

淡干海带是指鲜海带不经盐渍、调味或煮熟处理而直接干燥的制品，一般在海带收割洗净上岸后直接在场地进行平铺晾晒，晾晒方式受天气制约较大，需要大面积的晾晒场地与大量人工；盐渍海带是将鲜海带经热水漂烫、拌盐脱水后得到的制品，盐渍海带产品颜色深绿、外形美观、口感良好、易于烹调，保持了新鲜海带的营养成分，但其存放期短、需在-10℃冷库中储存，且在生产过程中的漂烫过程会产生大量废水，若不经处理直接排放会导致环境污染问题。两种海带初级加工品在经过上述加工工序后一般最后会在车间进行进一步的剪切整形、切丝、分级包装等其他加工程序（表 4-1）。

**表 4-1 海带初级加工生产情况一览表**

| | 淡干海带 | 盐渍海带 |
|---|---|---|
| 加工工序 | 平铺晾晒-车间加工 | 漂烫-冷却-脱水-盐渍-车间加工 |
| 优点 | 晾晒效率高 | 机械化程度较高 |
| 缺点 | 场地、人工需求大 | 污染问题；脱水、车间人工需求大 |
| 环保制约 | 不允许占用农田用地使晾晒场地问题凸显 | 能源使用、废水处理等达不到要求 |
| 改良思路 | 引进立体化晾晒设备 | 政府企业共同出资改良加工设备、集中处理废水 |

### 4.3.2 裙带菜

我国裙带菜加工企业主要分布在辽宁大连，且以外向出口型企业为主，大连产品出口规模占全国的 80%以上。山东省裙带菜加工主要分布在威海荣成，以加工淡干菜为主。

### 4.3.3　紫菜

山东省紫菜加工规模较小，省内的紫菜加工多以干紫菜这一初级产品为主，还有众多紫菜养殖企业将紫菜委托江苏省加工企业进行加工。

## 4.4　藻类食品精深加工

藻类精深加工食品指在初级加工品的基础上进行再加工或提取其中有效成分、以藻类初级加工产品作为添加剂制成的产品。除简单的调味、软化、烘焙等处理外，还可以将藻类中的有效成分进行提取，作为添加剂制成食品，主要可以加工为副食品与饮料制品。其中副食品包括藻类保健蛋糕、藻类保健酱油、藻类豆腐等。采用现代生物技术及食品加工高新技术对藻类中的功能成分进行开发，研制生产出系列不同类型的藻类营养食品及藻类功能食品，是藻类研发的主要方向，也是山东省藻类食品加工的“短板”。

通过对山东省市面上的藻类精深加工产品的调研，发现产品多为技术水平含量较低的加工食品，对比初级产品虽有一定的价值增值，但增值空间有限，主要品牌有海芝宝、藻尚好、仁一、典约、鸿洋神、爱伦湾等（表 4–2）。以海带为例，通过对京东、天猫两个网络销售平台的搜索，发现在京东显示的 20 个海带品牌中，只有 1 个来自山东，天猫的众多品牌中山东省品牌仅有“海芝宝”和“仁一昆布”（表 4–2）。

**表 4–2　山东省部分藻类精深加工食品**

| 序号 | 品名 | 品牌 | 价格（元） | 规格 |
|---|---|---|---|---|
| 1 | 调味海带丝 | 海芝宝 | 5 | 500 克 |
| 2 | 有机深海小海带 | 海芝宝 | 30 | 1 千克 |
| 3 | 有机冷鲜深海小海带 | 海芝宝 | 10 | 288 克 |
| 4 | 深海小海带鸡汤味纤靓汤 | 海芝宝 | 27 | 48 克 |
| 5 | 深海小海带海鲜味纤靓汤 | 海芝宝 | 27 | 48 克 |
| 6 | 深海小海带海鲜味面伴侣 | 海芝宝 | 20 | 36. 5 克 |

续表

| 序号 | 品名 | 品牌 | 价格（元） | 规格 |
|---|---|---|---|---|
| 7 | 深海小海带香辣味面伴侣 | 海芝宝 | 20 | 36.5 克 |
| 8 | 冷鲜海带面 | 海芝宝 | 16 | 650 克 |
| 9 | 调味海带丝香辣味 | 海芝宝 | 15 | 500 克 |
| 10 | 调味海带丝香辣味 | 海芝宝 | 3.5 | 80 克 |
| 11 | 鲜焙深海小海带丝菜 | 海芝宝 | 9 | 30 克 |
| 12 | 鲜焙深海小海带叶菜 | 海芝宝 | 9 | 30 克 |
| 13 | 纤靓汤杯海鲜味 | 海芝宝 | 7 | 6 克 |
| 14 | 纤靓汤杯鸡汤味 | 海芝宝 | 7 | 6 克 |
| 15 | 香脆深海小海带（海藻味） | 海芝宝 | 12 | 45 克 |
| 16 | 香脆深海小海带（牛肉味） | 海芝宝 | 12 | 45 克 |
| 17 | 鲜焙深海小海带 | 海芝宝 | 50 | 120 克 |
| 18 | 香辣速拌菜 | 海芝宝 | 27 | 140 克 |
| 19 | 海鲜速拌菜 | 海芝宝 | 27 | 140 克 |
| 20 | 盐渍海带头 | 海芝宝 | 150 | 3.5 千克 |
| 21 | 包子馅 | 海芝宝 | 13 | 1 千克 |
| 22 | 昆布酱油 | 日本进口 | 78 | 1 000 毫升 |
| 23 | 海藻蝴蝶面 | 济宁济兴食品 | 18 | 200 克 |
| 24 | 金枪鱼昆布卷 | 荣成南光食品 | 30 | 80 克×6 包 |
| 25 | 海藻原浆面 | 威海绿源丰收 | 5 | 180 克 |
| 26 | 海苔 | 日照岚阳食品 | 6.6 | 1.2 克×16 包 |
| 27 | 精选紫菜 | 凯运 | 5 | 50 克 |
| 28 | 野生紫菜 | 富禹 | 3.3 | 80 克 |
| 29 | 海藻原浆鸟巢面 | 藻食尚 | 6.5 | 280 克 |
| 30 | 熟制海带板 | 藻尚好 | 13 | 200 克 |
| 31 | 熟食昆布 | 藻食尚 | 22 | 400 克 |
| 32 | 大豆海带条 | 藻尚好 | 6.9 | 170 克 |
| 33 | 山椒海带条 | 藻尚好 | 6.8 | 170 克 |
| 34 | 海藻鸟巢面 | 藻尚好 | 20 | 700 克 |
| 35 | 仁一精选昆布 | 仁一食品 | 25 | 300 克 |
| 36 | 日出昆布 | 典约 | 49 | 300 克 |
| 37 | 小海带结 | 鸿洋神 | 5 | 30 克 |

续表

| 序号 | 品名 | 品牌 | 价格（元） | 规格 |
|---|---|---|---|---|
| 38 | 小海带片 | 鸿洋神 | 5 | 25 克 |
| 39 | 海藻原汁粉 | 藻食尚 | 16 | 140 克 |
| 40 | 小袋海带粉 | 鸿洋神 | 5 | 60 克 |
| 41 | 大袋海带粉 | 鸿洋神 | 35 | 500 克 |
| 42 | 大包海带丝 | 鸿洋神 | 36 | 30 克×10 包 |
| 43 | 熟干海带丝 | 鸿洋神 | 4 | 30 克 |
| 44 | 俚岛熟干海带结 | 俚岛海洋科技 | 5 | 20 克 |
| 45 | 仁一春绿昆布片 | 仁一食品 | 16 | 95 克 |
| 46 | 仁一细切昆布 | 仁一食品 | 10 | 15 克 |
| 47 | 烘干裙带菜 | 鸿洋神 | 4 | 30 克 |
| 48 | 精品昆布丝 | 典约 | 10 | 100 克 |
| 49 | 裙带汤菜 | 荣成宏佳水产 | 79 | 350 克 |
| 50 | 爱伦湾烘干海带块 | 爱伦湾 | 10 | 40 克 |
| 51 | 海婷麻辣海白菜 | 海婷 | 35 | 80 克×50 包 |
| 52 | 芝麻海带丝 | 子微 | 30 | 1 箱 |
| 53 | 即食海带丝礼盒 | 海婷 | 20 | 30 袋 |
| 54 | 海白菜礼盒 | 海婷 | 25 | 1 箱 |
| 55 | 爱伦湾海带丝香辣味 | 爱伦湾 | 38 | 108 克×5 袋 |
| 56 | 爱伦湾小袋整箱海带丝 | 爱伦湾 | 35 | 70 克×50 袋 |
| 57 | 桑叶海带手擀面 | 海芝宝 | 10 | 310 克 |
| 58 | 海婷麻辣海白菜裙带菜 | 海婷 | 1 | 80 克 |
| 59 | 海婷香辣海带丝 | 海婷 | 1 | 102 克 |
| 60 | 调味海带菜 | 食藻宝 | 5 | 80 克 |
| 61 | 俚岛即食海带丝 | 食藻宝 | 1.8 | 138 克 |
| 62 | 褐藻裙带鲜焙酥香甜味 | 海洋牧歌 | 10 | 30 克 |
| 63 | 海婷即食海带块香卤味 | 海婷 | 18 | 38 克×20 袋 |
| 64 | 海带丝 | 典约 | 2 | 88 克 |
| 65 | 调味海带菜 | 食藻宝 | 5 | 80 克 |
| 66 | 海苔 | 岚阳 | 6.6 | 1.2 克×16 包 |
| 67 | 海带酱 | 一代酱业 | 7.5 | 165 克 |
| 68 | 即食海藻松 | 仁一食品 | 120 | 30 克×8 包 |
| 69 | 裙带汤菜 | 荣成宏佳水产 | 79 | 35 克×10 袋 |
| 70 | 海藻拌饭酱 | 鲜一代 | 9 | 165 克 |

## 4.5 藻类化工

山东省以藻类为原料的化工产品以褐藻胶、卡拉胶、琼胶、碘、藻酸丙二醇酯等产品为主。山东省藻类化工产业聚集度较高，企业主要集中在青岛市、日照市。

在技术工艺方面，经过多年的积累沉淀发展，山东省藻类化工产品由粗加工向精细化方向发展，已从单一的国防制碘发展到了多个产品联产，全面掌握了褐藻胶、卡拉胶、琼胶、碘和甘露醇等传统产品的生产工艺技术。在褐藻胶的生产上，山东省基本上仍用纯碱消化提取褐藻胶，但在耗水量和生产效率方面落后于发达国家。发达国家自动化水平较高，因此其耗水量少、用工成本低、产品质量高。国外每加工 1 吨胶耗水 500 多吨，而我国需要 1 000 吨；国外千吨级生产线用工量仅为 30 人左右，而我国需要 100 多人。山东省拥有青岛明月海藻集团有限公司、青岛聚大洋藻业集团有限公司、山东洁晶集团股份有限公司等多家藻类化工龙头企业，且一直致力于改进传统生产工艺，探索新型生产工艺，如用“酶法/化学法”联合、“高速分离、高压过滤、高浓度稀释”等技术进行工艺改良。主打产品褐藻胶加工也由印染级、食品级向功能食品级、医药用辅料级等高端产品转移。山东藻类化工产业通过不断开拓应用技术研究、积极发展产品精深加工利用，一批高附加值新产品开始涌现。

## 4.6 藻类生物医药应用

在生物制药方面，主要生产医用敷料、创可贴、纤维类医用品、无纺布等，以藻类为原料的药物研发逐渐凸显。

中国海洋大学开发的我国第一个海洋药物 PSS（藻酸双酯钠）至今已累计创造产值 35 亿元，抗老年性痴呆的海洋寡糖类药 HSH-971 以 8 100 万美元的高价转让给美国 Sinova 公司，中国科学院海洋研究所的海昆肾喜胶囊在 20 世纪 90 年代以 900 万元成功转让，这三个药物均源自海藻，是海藻高值化利用的典型代表。海藻纤维在阻燃、吸附重金属等方面具有独特的功能，当前正在建设千吨级生产线。青岛明月海藻集团有限公司推出了生物医用材料（已获得医疗器械生产许可证）。中国科学院海洋研究所开发了海藻胶囊。

## 4.7　藻类在其他领域的应用

在农业应用方面，由于海带体内含有丰富的营养物质和生理活性物质，大多数速生海带还含有高水平的植物激素，可将其分解提取物制作成液态、固态肥料以及增产剂、抗逆剂，在粮食作物、水果、蔬菜及花卉等方面效果明显。世代海洋公司、青岛明月海藻集团等企业都推出了藻类生物肥料产品。

在美容保健方面，有以海带为原料的面膜、洗护、膏霜等美容保健产品。青岛明月海藻集团生产护肤化妆品等系列产品，且已形成一定的品牌效应。

另外，山东洁晶集团股份有限公司研发了新型高档海藻酸钠印染助剂，青岛利邦达海洋科技有限公司对琼脂进行了精深加工，对加速产业转型升级发挥了重要推动作用。

## 4.8　藻类加工业发展的特点与存在的问题

### 4.8.1　藻类加工业发展的特点

（1）藻类加工深度不断增加

随着科研创新的不断深入发展，对藻类所含各种物质元素的应用研究以及提取等的技术发展使各类藻类精深加工得以实现投产，藻类加工的深度不断增加，产品附加值也不断提高。

（2）藻类利用领域越来越广泛

以藻类为原料进行生产的产业越来越多元化，农用产品、生物医药产品、美容养生产品、藻类功能食品、藻类生物新材料、藻类纤维等催生了新的经济增长点。

（3）藻类加工企业生产集中度较高

一是加工企业生产能力规模化、集约化水平提高，企业越来越注重产能的增加扩张，高产能的企业数量不断增多；二是藻类加工业区域集中度很高，全省绝大多数藻类加工企业都集中在威海市和青岛市。

### 4.8.2 藻类加工业存在的问题

从加工规模最大的藻类食品加工和藻类化工两个方面分别阐述所存在的问题。

#### 4.8.2.1 藻类食品加工

一是藻类晾晒场地受限。政策规定不允许占用农田用地，而山东省传统的藻类产品的晾晒多是通过租赁农田用地进行的，使得藻类晾晒场地受限。

二是受环保督查的影响，一些传统加工方式由于能源使用与废水排放问题受到很大冲击。一方面在设备动力方式上，不允许使用煤炭等污染能源，而藻类产品的加工设备绝大多数使用传统能源，转换使用燃气等其他能源需要的成本较高，规模较小的加工企业不能承受；另一方面在废水排放上，山东省主要藻类品种海带漂烫产生的废水按要求不能直接排放进海里，要求必须达到排放标准，但企业引进废水处理设备成本太高，统一运往废水处理厂也有相应的运输操作成本，现在还没有相应的处理措施落地。

三是小型加工企业数量多，具有较强竞争力的大型企业和企业集团为数很少，企业弱、小、散的问题比较普遍。且大多数中小藻类加工企业销售方式单一，大多采取“等客上门”的传统被动销售方式，价格被有实力的收购方压低。

四是科研投入不足，专业技术力量薄弱，整体自主创新能力不强，企业缺少拥有自主知识产权的核心技术，多数企业没有研发机构，加工深度开发不够，藻类加工食品结构雷同现象严重。

五是藻类食品加工还是以初级加工为主，精深加工食品产品占比较小，藻类加工食品价值总体偏低。藻类加工高端产品少，藻类食品加工以简单的调味、烘焙等为主，少部分加工为藻类酱油、豆腐等副食品与饮料制品，技术含量高的藻类功能性保健食品占比很小。

#### 4.8.2.2　藻类化工

一是原料市场供给不稳，企业成本增加。资源匮乏是当前藻类化工企业面临的主要问题，“吃不饱”的现象普遍存在。原因主要有三点：首先，海带种质退化，海带新品种的培育工作滞后；其次，传统养殖水域空间萎缩导致生产力不断下降，严重制约了山东海带养殖业的发展；再次，食用海带附加值高，大部分海带用于食品消费，藻类化工企业只能获得少量质量稍差的海带生产褐藻胶。山东省藻类化工产业以加工褐藻胶为主，生产褐藻胶的原料海带以前主要来自本省。但由于近几年山东省海带产量出现波动，海带总产量已不及福建省，企业被迫大量进口干海藻，加上藻类化工企业之间无序竞争，对外抬价抢购货源，导致进口藻类的价格持续上扬，企业生产成本不断上涨。

二是高端产品少，产业链条有待延伸。山东省藻类化工企业的产品多为低端的初级化工产品，功能食品级、医药级等高端产品少。国际顶级的藻类化工企业如美国的 ISP 公司和 FMC 公司、日本的喜美克公司，其食品级和医药级产品占到总产量的 75%，丹麦的丹尼斯克公司更是高达 100%。我国食品级及医药级产品为 12 000 吨左右，仅占总产量的 20%（朱文博，黄青，侯和要，等，2017）。尽管近年来大多数企业先后进行了一些新产品、新技术的研究和开发，相继推出了海藻胶囊、海藻纤维、海藻化妆品等一些具有一定技术含量和市场竞争力的新产品，但总体而言，这些藻类化工企业的技术创新能力依然相对较弱，与国外高值化产品开发现状仍有一定的差距。

三是环境污染仍然存在，节能降耗任重而道远。山东省藻类化工行业仍延续着传统的加工模式，能耗高、耗水量大、污染严重。藻类化工企业集中的半岛地区淡水资源缺乏，而藻类化工产业要消耗大量的淡水资源及大量煤炭、酸、碱。据粗略计算，山东省藻类化工企业每年消耗淡水总量超过 2 800 万吨，所产生的废水大都直接排放，造成极大的资源浪费。山东省就藻类化工产业提出将藻类化工厂 COD 排放标准由目前的 150 mg/kg（新厂）、300 mg/kg（老厂）降低为 80 mg/kg。要实现这一目标，藻类化工企业任重而道远。

四是工艺装备水平不高，生产技术亟待提高。藻类化工以干海带为原料，海带收割特别是晾晒过程需要耗费巨大的人力和物力，还要占用大量的土地。在各行各业普遍缺少劳动力的大背景下，海带生产面临着后继无人的尴尬境地，进行自动化作业机械装备研究与开发迫在眉睫。我国与国外的藻类化工产品生产工艺虽相似，但受国家整体设备制造水平的影响，装备水平、自动化水平远低于发达国家，产品质量也因此存在较大差距。藻类化工产业要想实现可持续发展，赶超发达国家，提高生产工艺及装备水平是当务之急。

## 4.9 增值影响因素与对策

藻类加工环节的最终产品为各种藻类制品，购买者为经销商、产业链末端的消费者，因此藻类加工产品价值最大化与是否符合各类消费者的不同需求有关。

从图 4-2 来看，藻类加工环节总价值分为内在价值和外在价值，内在价值为最终购买者所比较注重的藻类加工产品品质、功效等内在属性，外在价值为影响其购买的其他影响因素。从调研结果来看，山东省藻类 100 多家加工企业，大多数为食品加工企业，还有少数化工加工、海藻肥加工等企业，加工产品中简单加工产品占大多数，精深

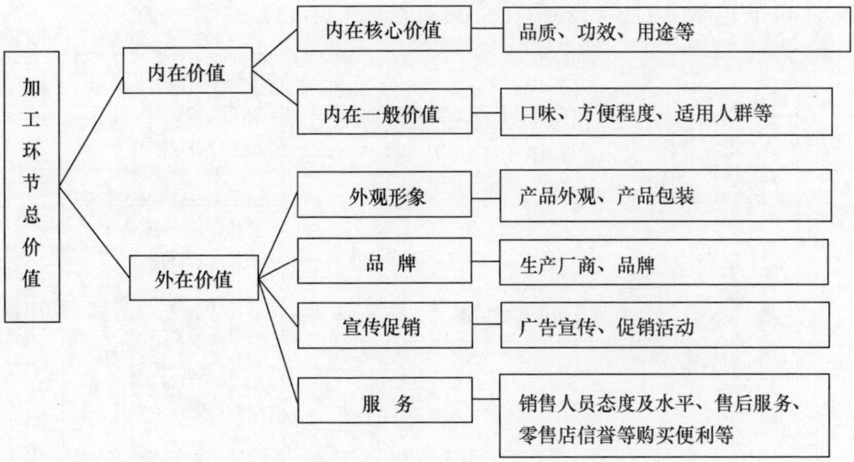


图 4-2　藻类加工环节价值要素及评价指标

加工、高值化利用加工占比很小，藻类增值潜力挖掘严重不足。在外在价值方面，除少数龙头企业比较注重外，大多数藻类加工企业对产品包装、企业品牌打造、广告宣传与促销、售后服务等重视程度不高。

根据价值增值公式，要实现增值最大化，一是增加加工环节总价值，二是进行成本控制（图 4-3）。内在价值的增加主要有藻类原材料品质、加工技术、加工设备条件等影响因素，即加工企业要采购品质优良的藻类原料，投入引进现代化的加工设备，研发先进的加工工艺技术，打造卫生安全优良的加工环境条件。外在价值的增加主要有品牌建设、产品策划管理、员工培训与管理、内部管理等。在品牌建设方面，一要有企业产品的品牌策划，二要加强品牌的宣传打造。对加工的最终产品来说，要吸引消费者购买，必须做好产品的包装等产品设计，并采取不同的营销策略，做好相关服务工作。另外，要提高员工业务水平与素质，加强企业内部管理，提高组织内部各环节的协调激励机制等。成本控制的影响因素包括规模生产、企业管理、生产运营效率等，规模生产可以有效地减少可变成本的投入，企业管理的科学合理可以有效地节省内耗成本，高效的整体生产运营可以使企业在单位时间单位投入上获得最大经济效益。

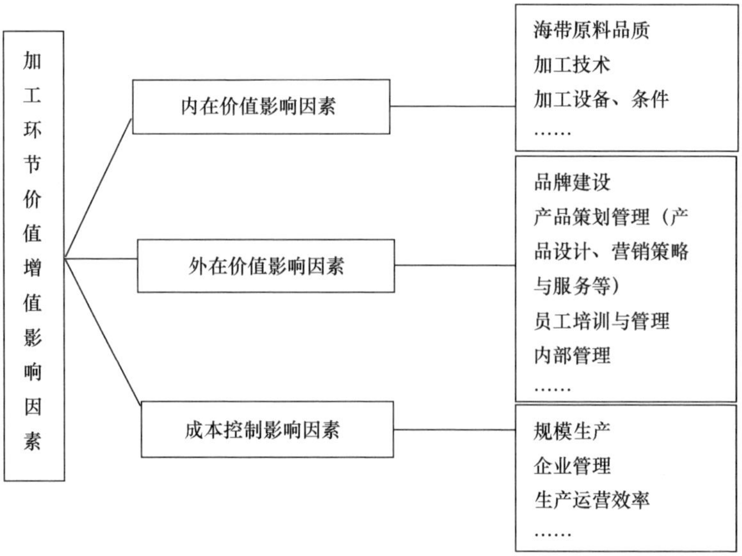


图 4-3　藻类加工环节价值增值影响因素

# 第5章 山东省藻类消费

## 5.1 发展历史

自古以来，藻类就被人们所食用，有些还被用作药物。随着20世纪五六十年代开始的藻类育苗、养殖技术的跨越发展，藻类产量快速增长，藻类产品越来越多地被人们所熟悉并出现在家庭餐桌上。与此同时，藻类化工产业特别是国家制碘需求与工艺的发展也带动了更多的藻类消费。进入21世纪，藻类化工产业原料来源的转变导致化工消费减少，但在生物医药、农业等其他精深加工领域得到了创造性发展，藻类的消费用途越来越向多元化发展。

## 5.2 总体消费

由于并无有关藻类总体消费数据的统计，本部分将采用粗略的年度可供消费的数量来代替藻类总消费量。具体算法是：

藻类消费量=生产量+进口量-出口量

此算法的缺陷是：一是生产数据与贸易数据的藻类不同，生产数据为鲜品，贸易数据多为初级加工品，因此不能完全对应；二是对山东省来说，进出口量除包括与国外的交易量外，还应包括与全国其他省份的交易，考虑到山东省作为藻类生产大省产品行销全国各地，因此计算结果会与真实消费量有较大出入，但计算结果对消费趋势的变化结果有一定的参考意义。

2011—2018年，全国藻类的生产量与消费量都呈增长趋势，变化趋势相似，且消费量高于生产量，这主要是由藻类进口量高于出口量决定的，进口藻类主要用于国内藻类化工产品的生产。2018 年，全国藻类消费量 252. 3 万余吨，比 2011 年增加 44%（图 5-1）。

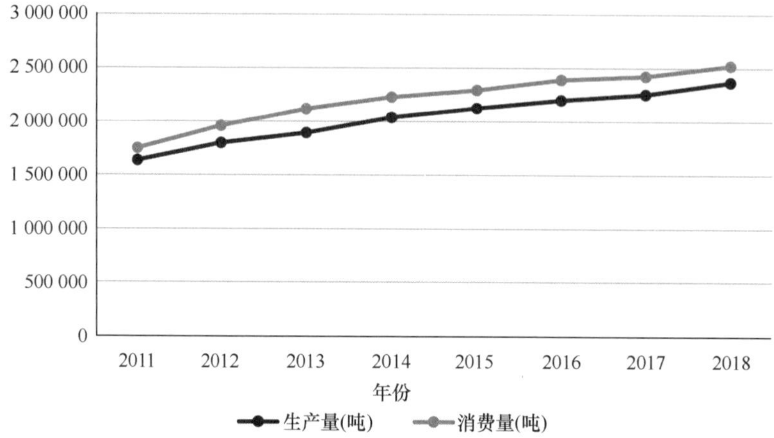


图 5-1　2011—2018 年全国藻类总消费量变化

数据来源：根据中国渔业统计年鉴（2012—2019）、中国水产品进出口贸易统计年鉴（2011—2016）、海关数据（2017—2018）数据计算

2013—2018 年，山东省藻类生产量与消费量变化趋势相似，总体来说较为平稳，消费量曲线变化波动较小，消费量高于生产量，这与山东省藻类化工产业较发达有关，与全国藻类消费相似，进口藻类用于化工消费量较高；2018 年山东省藻类消费量约 73. 2 万吨，比 2013 年增加 1. 2%。与全国消费量不断增长的趋势相比，山东省藻类消费量较为稳定（图 5-2）。

## 5. 3　消费结构

山东省藻类消费主要有食用消费、化工消费、饲料消费、其他加工消费等形式。食用消费指藻类产品直接食用或加工为食品的消费；化工消费指以藻类为原料加工为胶、醇、脂等化工产品的消费；饲料消费指藻类直接作为其他水产品养殖饲料的消费；其他加工消费指以

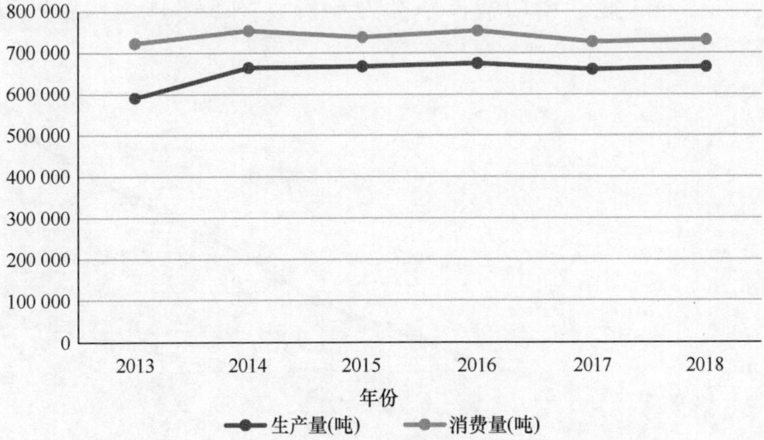


图 5-2　2013—2018 年山东省藻类总消费量变化

数据来源：根据中国渔业统计年鉴（2012—2019）、中国水产品进出口贸易统计年鉴（2011—2016）、海关数据（2017—2018）数据计算。

藻类为原料加工为其他产品的消费。

近年来，在山东省生产的藻类消费以食用为主，约占 60%，化工消费约占 25%，饲料消费约占 15%（根据调研结果估算）。山东省进口的藻类大部分为化工消费。山东省出口的藻类以食用为主。

总体来看，山东省藻类消费中，食用消费约占 53%，化工消费约占 34%，饲料消费约占 10%，其他加工消费约占 3%。

## 5.4　食用消费

随着改革开放的深入发展，我国经济与社会高速飞跃，全国居民收入不断增长，饮食消费不断增加，饮食结构与消费方式也发生了巨大变化，消费由过去的温饱型逐渐向营养型转变，一方面表现在谷物类粮食的人均消费下降，另一方面以水产品为代表的高质量、高营养的食品的需求明显上升（郑星宇，2016）。山东省城镇居民与农村居民人均可支配收入不断增加，2018 年，山东省城镇居民与农村居民人均可支配收入分别为 39 549 元与 16 297 元，而 2000 年这一数值分别为

6 417 元与 2 663 元，年均增长率都为 64%（图 5-3）。

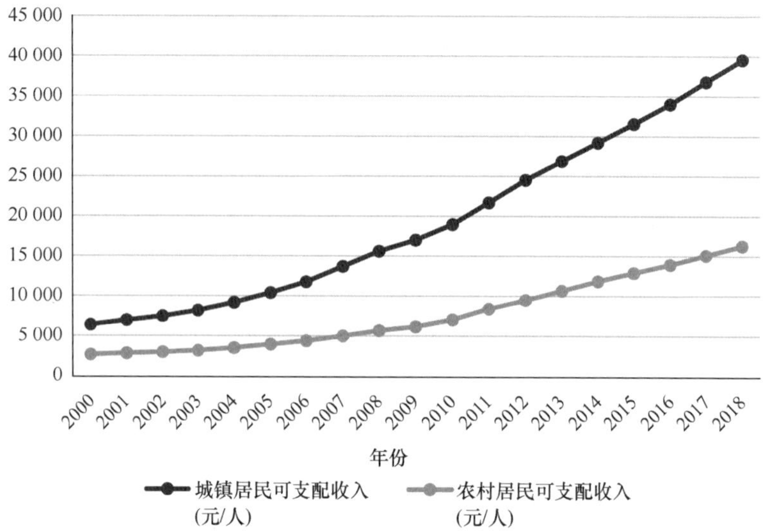


图 5-3　2000—2018 年山东省居民人均可支配收入

数据来源：山东统计年鉴（2001—2019）

从人均消费数量来看，山东省人均粮食消费量呈下降趋势，水产品消费量小幅上升，水产品消费从 2013 年的 10.5 千克/人到 2017 年增加至 12.1 千克/人（图 5-4）。

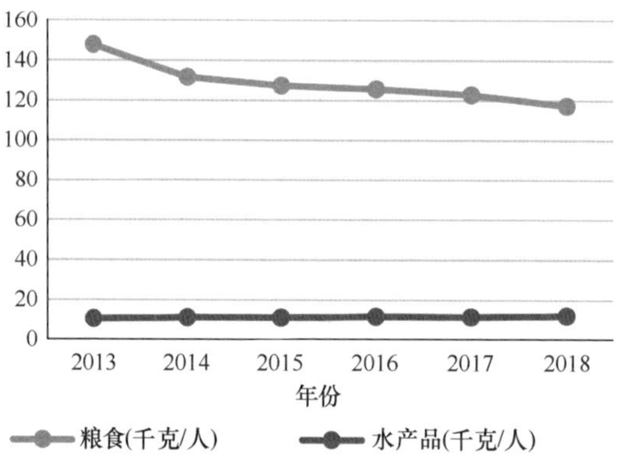


图 5-4　2013—2017 年山东省人均粮食与水产品消费数量

数据来源：山东统计年鉴（2014—2019）

2013—2018年，山东省藻类人均消费量分别为0.24千克、0.3千克、0.3千克、0.3千克、0.3千克、0.2千克，在水产品消费中所占比例较小（图5-5）。藻类人均消费量占水产品总消费的比例2013—2018年分别为2.29%、2.28%、2.68%、2.56%、2.59%、1.65%，总体来说变化较小，2018年下降较多。藻类消费在水产品消费中所占比重较低，且远低于全国其他地区，如在中部和西部，对藻类的消费超过10%，而东部对藻类的消费只有6.6%（张瑛，赵露，2018）。这主要是由于沿海地区水产品品种较丰富，居民选择面广，山东省作为水产品生产大省这一特点更加突出。

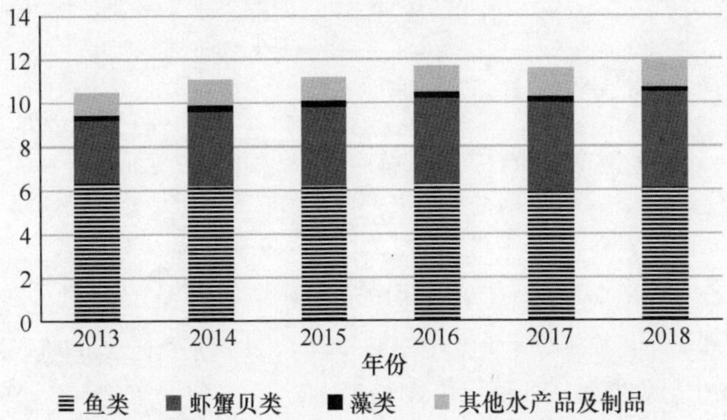


图5-5　2013—2017年山东省水产品消费量种类分布

数据来源：山东统计年鉴（2014—2019）

## 5.5　化工消费

化工消费的数量没有官方统计数据，本书将根据进出口贸易量与生产量进行估算。具体计算方法为：

山东省藻类化工消费量=进口化工品量+山东省藻类生产量×25%-出口化工品量

计算依据为：在藻类贸易分类中，有“其他不适合供人食用的海草及其他藻类”一项，且进口的麒麟菜是用于化工生产的，因此两项之和作为进口化工品量；以“其他不适合供人食用的海草及其他藻类”一项为出口化工品量；根据调研结果，山东省藻类产量的约25%用于化工生产。

2013—2018 年，山东省藻类化工消费量总体呈下降趋势，这主要与进口的化工消费藻类数量减少有关。2018 年，山东省藻类化工消费量 24.7 万余吨，比 2013 年减少了 14.5%（图 5-6）。

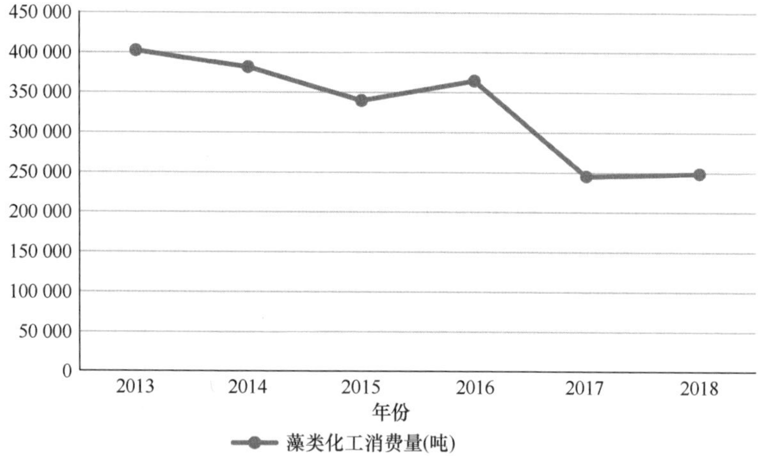


图 5-6　2013—2018 年山东省藻类化工产品消费量

数据来源：根据中国渔业统计年鉴（2014—2019）、中国水产品进出口贸易统计年鉴（2013—2016）、海关数据（2017—2018）数据计算

## 5.6　消费者行为分析

本节采用问卷调查法，对山东省居民进行了藻类消费者调查，得到藻类消费者的基本特征与消费情况，对藻类消费的影响因素进行具体分析，根据分析结果有针对性地提出促进藻类消费市场进一步发展与繁荣的对策建议。

### 5.6.1　问卷设计与数据来源

#### 5.6.1.1　问卷设计

问卷内容分为三大部分：

一是基本人口特征变量，包括性别、年龄、教育程度、职业、收入。

二是日常消费习惯，包括是否购买过藻类产品、购买渠道、影响购买因素、购买频率、每月用于消费藻类产品的支出。

三是产品因素，包括购买藻类产品种类、藻类产品类型、购买时注重的方面（质量、品牌、价格等）、产品价格评价、购买过的产品品牌。

#### 5.6.1.2　数据来源

本书数据来源于问卷星回收数据。2020 年 3 月，通过问卷星对山东省 16 个地市发放问卷。最终回收 412 份有效问卷。

### 5.6.2　统计与分析

#### 5.6.2.1　人口统计特征

**表 5-1　山东省消费者人口统计特征**

| 基本特征 | 分类 | 人数（人） | 比例（%） |
| --- | --- | --- | --- |
| 性别 | 男 | 179 | 42.52 |
| | 女 | 242 | 57.48 |
| 年龄 | 20 岁以下 | 59 | 14.01 |
| | 20~30 岁 | 208 | 49.41 |
| | 31~40 岁 | 118 | 28.03 |
| | 41~50 岁 | 29 | 6.89 |
| | 51~60 岁 | 6 | 1.43 |
| | 60 岁以上 | 1 | 0.24 |
| 婚姻状况 | 未婚 | 212 | 50.36 |
| | 已婚 | 209 | 49.64 |
| 家庭人口数 | 1~2 名 | 33 | 7.84 |
| | 3~4 名 | 340 | 80.76 |
| | 5~6 名 | 44 | 10.45 |
| | 6 名以上 | 4 | 0.95 |

续表

| 基本特征 | 分类 | 人数（人） | 比例（%） |
|---|---|---|---|
| 职业 | 公司、企业职员 | 176 | 41.81 |
| | 教师、医生等事业单位人员与公务员 | 48 | 11.4 |
| | 工人 | 8 | 1.9 |
| | 个体经营户 | 20 | 4.75 |
| | 自由职业者 | 19 | 4.51 |
| | 学生 | 147 | 34.92 |
| | 家庭主妇 | 2 | 0.48 |
| | 退休 | 1 | 0.24 |
| 最终学历 | 高中以下 | 14 | 3.33 |
| | 高中 | 33 | 7.84 |
| | 专科 | 65 | 15.44 |
| | 本科 | 262 | 62.23 |
| | 研究生及以上 | 47 | 11.16 |
| 家庭月人均收入 | 2 000 元以下 | 29 | 6.89 |
| | 2 001~3 000 元 | 52 | 12.35 |
| | 3 001~4 000 元 | 71 | 16.86 |
| | 4 001~5 000 元 | 63 | 14.96 |
| | 5 001~6 000 元 | 62 | 14.73 |
| | 6 000 元以上 | 144 | 34.2 |
| 所在城市 | 济南 | 98 | 23.28 |
| | 青岛 | 68 | 16.15 |
| | 淄博 | 30 | 7.13 |
| | 枣庄 | 8 | 1.9 |
| | 东营 | 6 | 1.43 |
| | 烟台 | 22 | 5.23 |
| | 潍坊 | 35 | 8.31 |
| | 济宁 | 27 | 6.41 |
| | 泰安 | 22 | 5.23 |
| | 威海 | 12 | 2.85 |
| | 日照 | 9 | 2.14 |
| | 滨州 | 12 | 2.85 |
| | 德州 | 25 | 5.94 |
| | 聊城 | 12 | 2.85 |
| | 临沂 | 24 | 5.7 |
| | 菏泽 | 11 | 2.61 |

从表5-1中可以看出，从性别来看，女性所占的比例为57.48%，高于男性所占比例42.52%；在年龄方面，20~40岁人群所占比例最高；婚姻状况方面，未婚和已婚样本数较为平均；家庭人口数方面，3~4名家庭成员占比最高，为80.76%，这也与山东省近年的实际情况相符，三口之家的传统家庭结构模式比较普遍，二胎政策的放开导致四口之家的家庭增多；受访者的职业方面，公司、企业职员占比最高，为41.81%，其次为学生34.92%，这与调查方式为互联网有关；从最终学历来看，本科及以上学历占到全部受访者的73.39%，受访群体整体受教育程度较高；家庭月人均收入水平6 000元及以上的占比最高，为34.2%，3 000元以下的占比较小，中间部分分布比较平均；从地域分布来看，山东省16个地市都有受访者分布，其中济南和青岛两市占比最高，这也与山东省人口分布相似。

#### 5.6.2.2　山东省居民藻类产品消费情况

问卷统计结果显示，95%的居民购买过藻类产品，剩余5%的居民未购买过藻类产品。不购买藻类产品最主要的原因为饮食喜好（68.18%）；其次为身体健康原因（27.27%），部分居民患有甲状腺类疾病；因价格高而不购买（27.27%）这一原因的比例也较高；其他选择原因还有产品选择少、购买不便和包装不好。

购买过藻类产品的消费者的购买频率中，选择偶尔购买的占大多数，为63.66%，经常购买的占27.07%，很少购买的占9.27%（图5-7）。

购买藻类产品的地点选择上，选择超市的比例最高（95%），其次为农贸市场（84%）、社区蔬果店（69%）、网上订购（64%）、水产品专卖店（60%）、其他（29%）。在购买地点的第一选择上，以超市和农贸市场为主。具体选择频数如图5-8所示。

每年消费藻类产品的支出选择上，多数居民选择100~300元（34.84%）与301~600元（34.09%），每年支出小于100元的有17.04%，每年支出600元及以上的有14.03%（图5-9）。

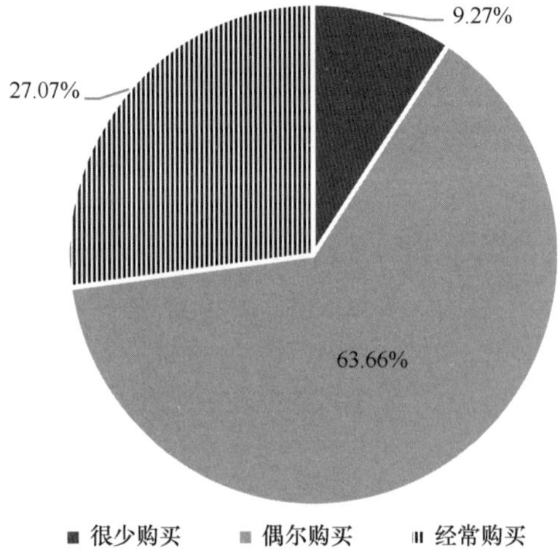


图 5-7　藻类产品消费频率

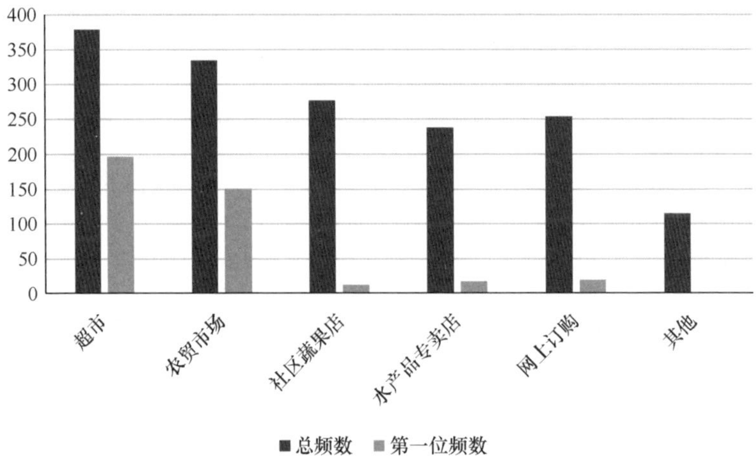


图 5-8　藻类产品消费地点

#### 5.6.2.3　产品因素与藻类消费

购买藻类产品的种类上，购买过海带和紫菜的消费者最多，分别有98%和97%，另外有74%和79%的消费者购买过裙带菜和龙须菜，15%的消费者表示购买过其他藻类产品，但标注的具体产品多为海苔，1 位标注

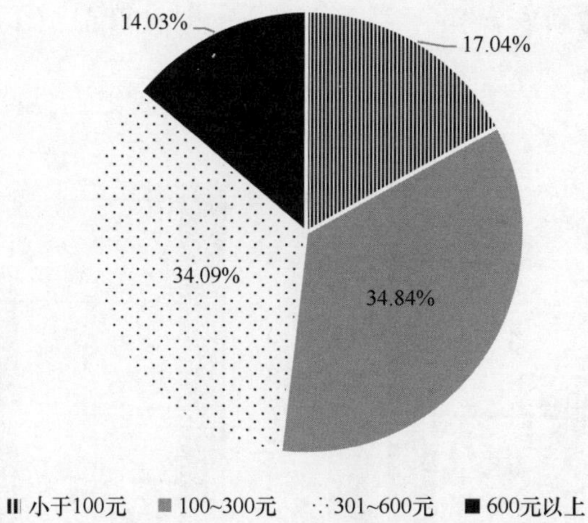


图 5-9　藻类产品消费年支出

了螺旋藻，1 位标注了银耳（非藻类产品）。这也显示出消费者对藻类产品的认知还不足，特别是将海苔误认为是区别于紫菜的藻类品种（图 5-10）。在购买过的藻类产品中，海带和紫菜购买的数量最多。

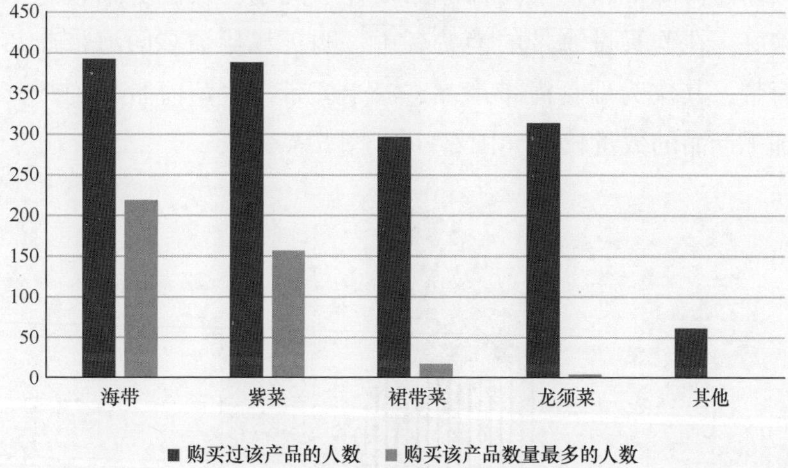


图 5-10　藻类消费产品种类

购买藻类产品类型上，都各有 94%的消费者购买过新鲜藻类产品和藻类干制品，分别有 90%和 69%的消费者购买过即食产品和其他深加工产品（图 5-11）。购买即食产品数量最多的消费者人数最多

（43%），其次为新鲜藻类产品（33%）、即食产品（17%）和其他深加工产品（7%）。

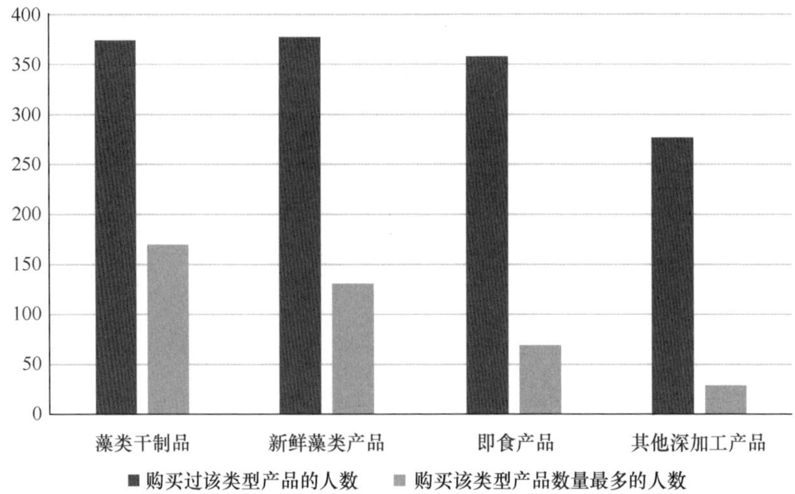


图 5-11　藻类消费产品类型

问卷还对海带和紫菜两种产品设计了问题，以便更细致地了解消费者偏好。在购买过海带的消费者中，购买数量最多的海带产品种类为鲜海带，其次为即食海带产品、淡干海带、盐渍海带，购买其他海带深加工产品的数量较少（图 5-12、图 5-13）。

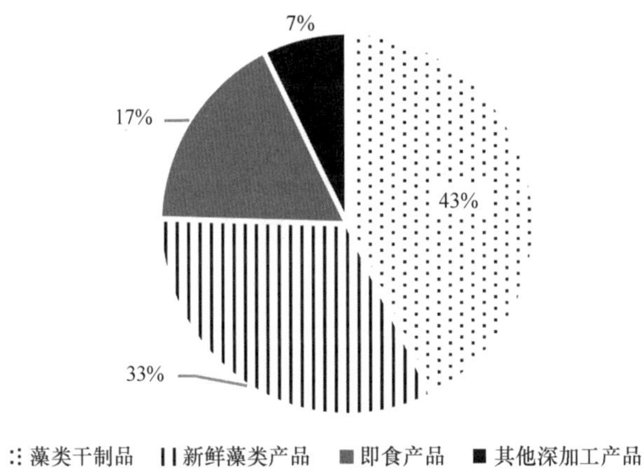


图 5-12　购买数量最多的藻类产品类型分布

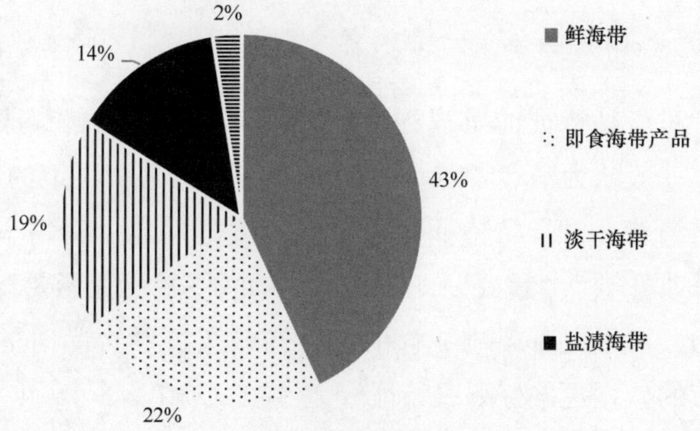


图 5-13　购买数量最多的海带产品种类分布

在购买过紫菜的消费者中，购买数量最多的紫菜产品种类为干紫菜，其次为即食海苔、紫菜蛋花汤料包、寿司紫菜。购买其他即食紫菜产品数量最多的消费者仅有 1 位（图 5-14）。

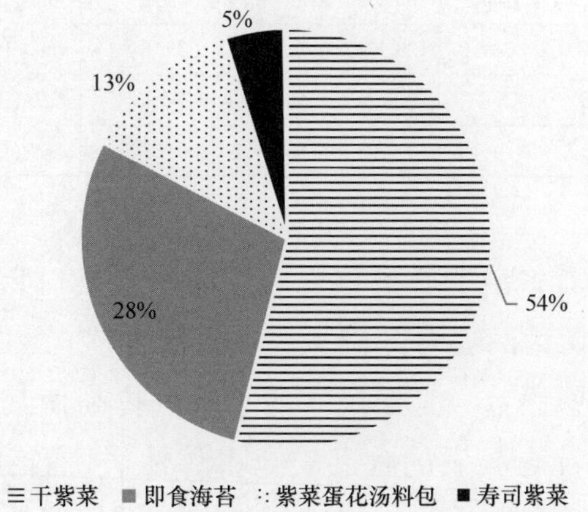


图 5-14　购买数量最多的紫菜产品种类分布

由于在预调研中有部分消费者表示有购买进口藻类产品的经历，因此设计了是否购买过进口藻类产品的问题。问卷结果显示，有 45.61%的消费者购买过进口产品，54.39%的消费者未购买过进口产品。

### 5.6.2.4 产品因素与藻类产品消费

消费者对产品特征的重视程度反映了消费者做出购买决策时受其影响大小，一般认为消费者越重视说明该特征对消费决策的影响越大。问卷设计了消费者对产品特征因素重视程度的问题，对每个产品特征设置了“非常重要”“重要”“一般”“不重要”“无关紧要”五种不同程度的选项，可以更直观地了解消费者在购买藻类产品时的倾向和消费行为决策的依据更偏好哪些特征（表 5-2）。

**表 5-2 山东省居民购买藻类产品关注因素选择频次与比例**

| 选项 | 非常重要 | 重要 | 一般 | 不重要 | 无关紧要 |
|---|---|---|---|---|---|
| 品质 | 206（51.63%） | 164（41.1%） | 18（4.51%） | 5（1.25%） | 6（1.5%） |
| 价格 | 40（10.03%） | 176（44.11%） | 155（38.85%） | 21（5.26%） | 7（1.75%） |
| 品牌 | 25（6.27%） | 112（28.07%） | 174（43.61%） | 70（17.54%） | 18（4.51%） |
| 包装 | 17（4.26%） | 83（20.8%） | 195（48.87%） | 83（20.8%） | 21（5.26%） |
| 产地 | 40（10.03%） | 128（32.08%） | 151（37.84%） | 63（15.79%） | 17（4.26%） |
| 产品食用方便程度 | 69（17.29%） | 197（49.37%） | 96（24.06%） | 29（7.27%） | 8（2.01%） |
| 口味 | 237（59.4%） | 132（33.08%） | 22（5.51%） | 2（0.5%） | 6（1.5%） |

从表 5-2 来看，消费者最重视的产品因素是口味和品质，都有超过一半的调查者认为两者对其购买行为非常重要。对品质的重视程度符合预期，究其原因：一是居民生活水平的提高使其对食品品质有更高的要求，二是社会频发的食品安全事件使居民自我保护意识增强，对食品的品质与安全性的关注度增加；近六成的消费者认为产品口味非常重要，这可能是由于藻类产品作为类似蔬菜的一种消费量较小的食品，消费者在购买时会更加注重口味。对选择口味和品质非常重要的居民进行更进一步地交叉对比发现，选择口味非常重要的居民中20~30 岁年龄段的人数明显多于选择品质因素的人数，且选择口味非常重要的居民中偶尔购买藻类产品的居民数较多，其他婚姻状况、用于购买藻类产品消费支出与产品类型上各选项比例差别不大。

消费者对产品食用方便程度也比较重视，17.29%的居民选择了非常重要，49.37%的居民选择了重要。

消费者第四、第五位重视的产品因素是价格和产地。在购买时对价格因素的关注度低于品质和口味，这也说明了居民经济实力与水平增加，对价格的关注度相对较低。部分消费者关注藻类产品产地，这也是水产品消费者普遍关注的一个因素。

消费者对品牌和包装的重视程度相对较小，这也与目前市场上藻类产品的品牌化体系还未建立有关。对包装的相对不关注反映了消费者在藻类产品的消费上是比较理性的，更加注重产品实质。

#### 5.6.2.5　主观评价因素与藻类消费

为了进一步研究山东省消费者的主观评价因素与藻类产品购买的关系，问卷引入了消费者认知度与满意度来调查居民对藻类产品的认知情况与满意程度。

（1）消费者认知度

对藻类产品的认知程度设置了两个问题（图 5-15）。第一个问题是“是否能辨认出藻类产品”，调研结果显示，86.97%的消费者可以辨认出藻类产品，13.03%的消费者表示不能辨认。第二个问题则更加深入，“是否了解藻类产品的制作与烹调方法”，调研结果显示，

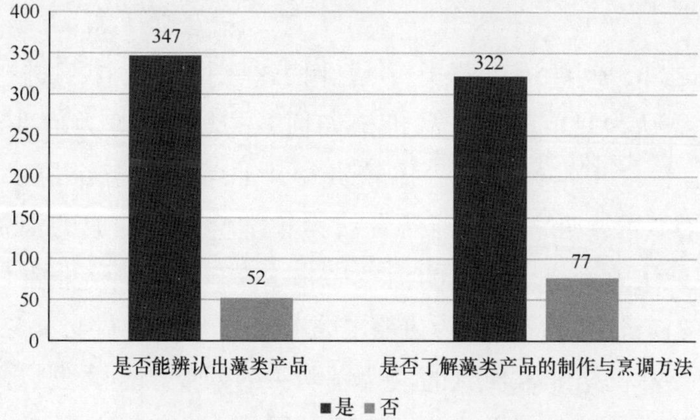


图 5-15　消费者对藻类产品的认知

80.7%的消费者选择了是，19.3%的消费者表示不了解。

总体来看，大多数山东省消费者对藻类产品的认知度较高，在藻类产品的制作与烹调方法上需要更多的普及与宣传。

（2）消费者满意度

对藻类产品的消费者满意度的考察设计了产品的三个特征，包括产品品质、价格和包装。采用了李克特五点式评分法将消费者满意度设为“很满意”“满意”“一般”“不满意”“很不满意”五个层次（表5-3）。

总体来说，对藻类产品品质的满意度最高，有26.07%和63.66%的消费者选择了很满意和满意；对价格和包装的满意度稍差，选择满意和一般的消费者占大多数。从负面反馈来看，对藻类产品包装不满意的消费者较多，这可能与市场上藻类初级产品包装普遍较简陋有关。

**表5-3　山东省居民消费满意度因素选择频次与比例**

| 选项 | 很满意 | 满意 | 一般 | 不满意 | 很不满意 |
|---|---|---|---|---|---|
| 品质 | 104（26.07%） | 254（63.66%） | 33（8.27%） | 3（0.75%） | 5（1.25%） |
| 价格 | 33（8.27%） | 188（47.12%） | 168（42.11%） | 8（2.01%） | 2（0.5%） |
| 包装 | 36（9.02%） | 153（38.35%） | 190（47.62%） | 18（4.51%） | 2（0.5%） |

除此之外，问卷还对藻类产品价格这一因素设计了进一步的问题，如“您认为目前藻类产品价格如何”，选项设置为“非常便宜”“比较便宜”“正常价格”“比较贵”“非常贵”五个层次（图5-16）。结果显示，近六成的消费者认为正常价格，三成的消费者认为比较便宜，认为价格比较贵的消费者占8%，认为价格非常便宜的消费者占3%，没有消费者认为价格非常贵。进一步进行交叉分析发现，认为藻类产品价格非常便宜的消费者购买的藻类产品类型以鲜品和干品为主，认为价格比较贵的消费者购买的藻类产品类型中即食产品较多。

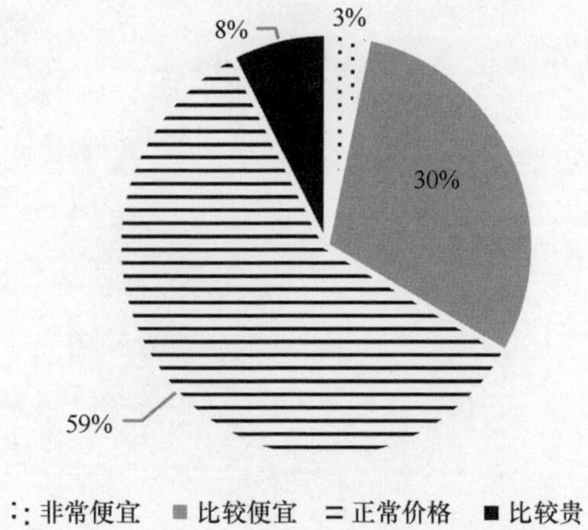


图 5-16　消费者藻类产品价格认知

#### 5.6.2.6　外部因素与藻类产品消费

消费者在做出最终购买决策前，外部因素也会发生作用。问卷考察了两个比较重要的外部因素对消费者的影响，一是商家的营销宣传，二是周边亲朋好友的作用。

（1）营销宣传

对商家的营销宣传问题设置为“藻类产品商家的营销宣传对您购买的影响程度”，选项设置为“非常重要”“重要”“一般”“不重要”“无关紧要”五个层次（图 5-17）。从结果来看，近五成消费者选择了“一般”，近四成消费者选择了“重要”，8%的消费者认为“非常重要”，6%的消费者认为“不重要”或“无关紧要”。对多数人的较为中立的态度，可能是由于消费者对所购买的藻类产品有自己认定的选择评价标准，不会轻易改变。另一方面来看，现今市场上的藻类产品的宣传促销活动数量太少，部分消费者需要营销宣传信息来指导自己的购买行为。

（2）亲朋好友推荐

对亲朋好友推荐方面设计了双向的两个问题：一是“您是否愿意通过亲朋好友的推荐购买藻类产品”；二是“遇到好的藻类产品，您是

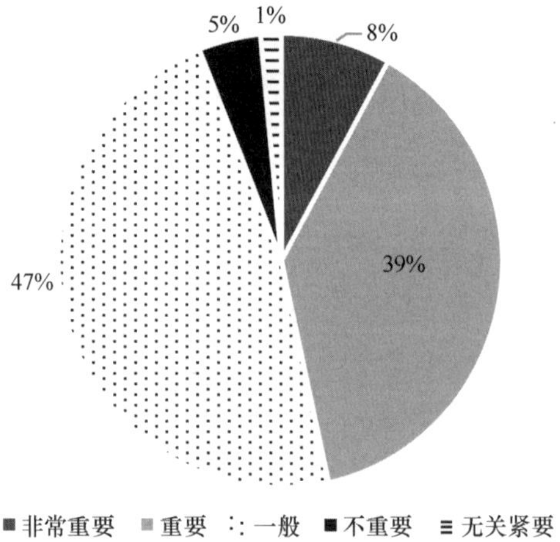


图 5-17 商家营销宣传与藻类产品购买

否愿意推荐给您周围的亲友”。选项设置为“非常愿意”“愿意”“中立”“不愿意”“非常不愿意”五个层次（图 5-18）。

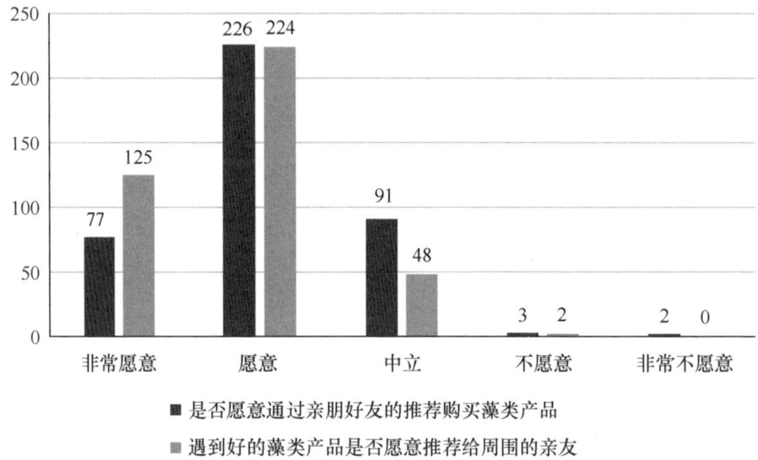


图 5-18 亲朋好友推荐与藻类产品购买

在第一个问题上，近八成的消费者愿意或非常愿意通过亲朋好友的推荐购买藻类产品，两成多的消费者态度中立，选择不愿意和非常不愿意的消费者较少。

在第二个问题上，近九成的消费者愿意将遇到的好的藻类产品推荐给周围亲友，一成多的消费者态度中立，选择不愿意的消费者较少。

总的来说，山东省居民对藻类产品的传播意愿较强，消费者之间的产品评价与信息传递对产品品牌形象产生强烈影响，对消费者的购买行为影响较大。

# 第 6 章　山东省藻类贸易

## 6.1　总体概况

我国海关统计的进出口藻类产品有以下几种：海带（12122110）、发菜（12122120）、干的裙带菜（12122131）、鲜的裙带菜（12122132）、其他裙带菜（12122139）、干紫菜（12122141）、鲜紫菜（12122142）、其他紫菜（12122149）、马尾藻（12122910）、干麒麟菜（12122161）、其他麒麟菜（12122169）、干江蓠（12122171）、其他江蓠（12122179）、未列名海草及其他藻类（12122190，2012 年前）、未列名适合供人食用的海草及其他藻类（12122190，2012 年及之后）、其他不适合供人食用的海草及其他藻类（12122990，2012 年及之后）、调味紫菜（20089931）、盐腌海带（20089932）、盐腌裙带菜（20089933）、未列名制作或保藏的海草及其他藻类制品（20089939）。

藻类化工产品有：褐藻胶（13023912）、卡拉胶（13023911）、琼脂（13023100）、未列名海草及藻类产品制得的胶液及增稠剂。

### 6.1.1　进出口量与进出口额

总体来看，2011—2019 年，山东省藻类进口数量与金额远高于出口（图 6-1）。藻类出口数量除 2011 年较高外，其他年份有所下滑且较为平稳。2019 年，全省出口藻类产品 16 032.923 万吨，比 2011 年下降了 35.1%。藻类出口金额变化与数量变化相似，2019 年全省出口额 5 184.536万美元，比 2011 年下降了 13.9%。

藻类进口数量变化较大，2011—2013 年急速上升，2014—2015 年连续两年下降，2016—2017 年小幅度回升，2018—2019 年基本平稳。2019 年，全省进口藻类产品 95 315.295 万吨，比 2011 年减少了 7.1%。藻类进口金额变化与数量变化相似，2019 年，全省进口额 11 150.758 万美元，比 2011 年增加了 39.6%。

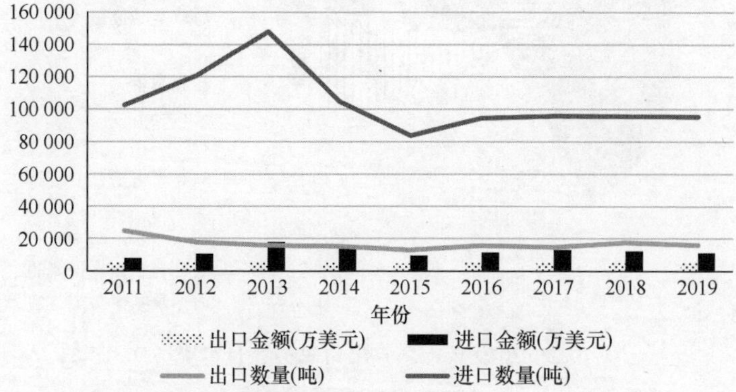


图 6-1　2011—2019 年山东省藻类进出口量与进出口额

数据来源：中国水产品进出口贸易统计年鉴（2011—2016）；海关数据（2017—2019）

### 6.1.2　进出口产品种类分布

在贸易的种类分布上，以 2019 年为例，分别对进出口数量与金额的藻类产品种类所占比例进行分析。

在藻类产品出口数量构成方面，2019 年山东省出口产品主要有盐腌裙带菜（26%）、海带（22%）、未列名制作或保藏的海草及其他藻类（16%）、盐腌海带（15%）、不适合供人食用的海草及其他藻类（11%）、其他裙带菜（10%），未列名适合供人食用的海草及其他藻类、干紫菜、干的裙带菜、调味紫菜也有少量出口（图 6-2）。

在藻类产品出口金额构成方面，2019 年主要有未列名制作或保藏的海草及其他藻类（29%）、盐腌裙带菜（27%）、海带（26%）、盐腌海带（10%）、不适合供人食用的海草及其他藻类（4%）、其他裙带菜（3%）、未列名适合供人食用的海草及其他藻类（1%），干紫菜、调味紫菜、干的裙带菜出口额较小（图 6-3）。

在藻类产品进口数量构成方面，2019 年山东省进口产品主要有不

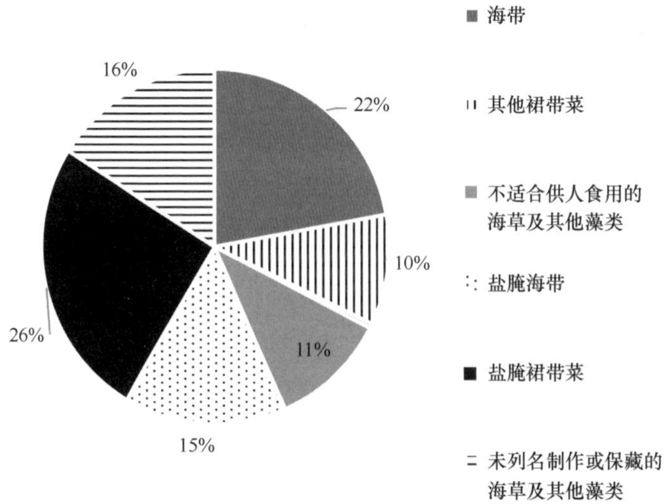


图 6-2　2019 年山东省出口藻类数量种类分布

数据来源：海关数据（2019）

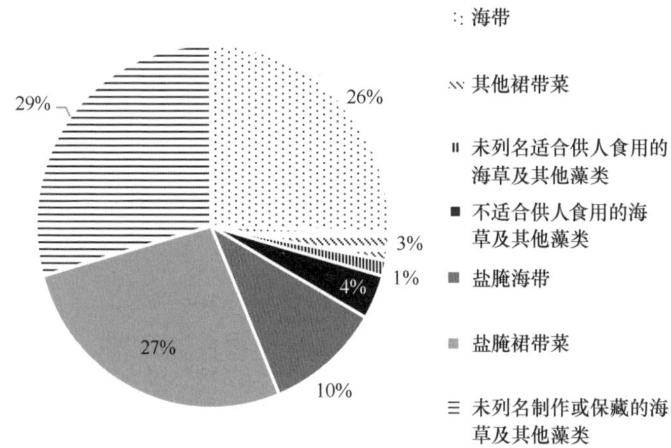


图 6-3　2019 年山东省出口藻类金额种类分布

数据来源：海关数据（2019）

适合供人食用的海草及其他藻类（80%）、干麒麟菜（10%）、马尾藻（8%）、调味紫菜（1%）、干紫菜（1%），海带、干的裙带菜、未列名制作或保藏的海草及其他藻类、未列名适合供人食用的海草及其他藻类、干江蓠也有少量进口（图 6-4）。进口产品中数量最多的不适合供人食用的海草及其他藻类、干麒麟菜和马尾藻主要用于藻类化工产品的生产。

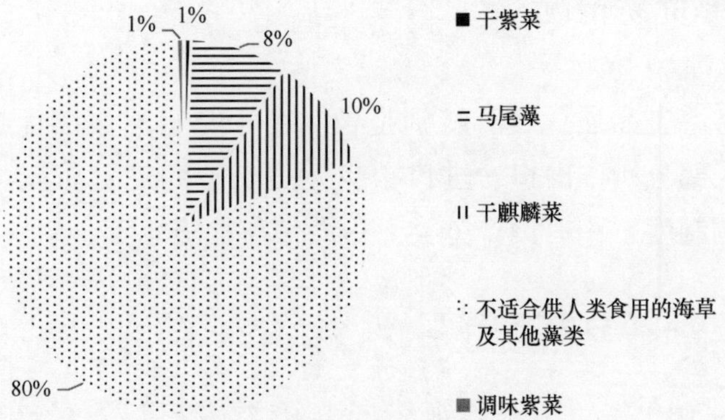


图 6-4　2019 年山东省进口藻类数量种类分布

数据来源：海关数据（2019）

在藻类产品进口金额构成方面，2019 年主要有不适合供人食用的海草及其他藻类（71%）、调味紫菜（15%）、干麒麟菜（6%）、干紫菜（6%）、马尾藻（2%），海带、未列名制作或保藏的海草及其他藻类、干的裙带菜、未列名适合供人食用的海草及其他藻类、干江蓠的进口额较小（图 6-5）。值得注意的是，调味紫菜和干紫菜虽然进口数量占比较小，但进口金额占比较大，反映其经济价值较高。

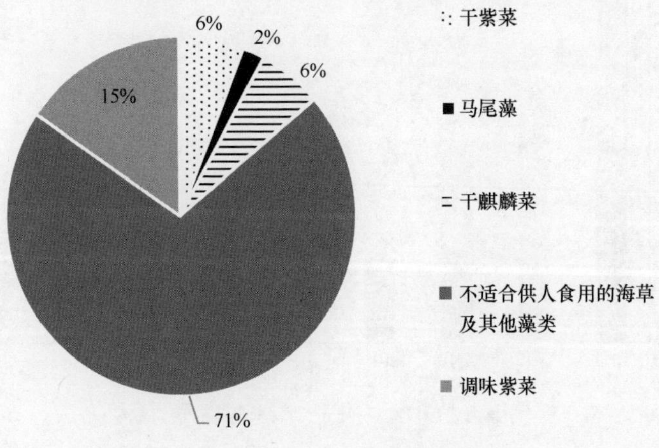


图 6-5　2019 年山东省进口藻类金额种类分布

数据来源：海关数据（2019）

## 6.2 海带贸易情况

山东省海带品质优良，特别是长岛由于其自然禀赋优越，海带品质极好，大部分用作出口，进口很少。山东省海带贸易在《商品名称及编码协调制度》中有两个分类——海带与盐腌海带。

### 6.2.1 进出口量与进出口额

2011—2019 年，山东省海带与盐腌海带出口总量 2011 年最高 11 353.326 吨，2012—2013 年出口量减少较快，2014—2017 年变化较小，2018 年出口总量小幅度上升，2019 年共计 5 958.977 吨（图 6-6）。出口总额的变化趋势在 2011—2019 年间与出口量的变化大致相似，变化幅度要小于总出口量，2012 年出口总量减少 31%的情况下出口总额只减少了 7%，2013—2015 年出口总额变化很小，2016—2017 年连续下降，2018 年小幅度上升，2019 年出口总额 1 860.776 万美元。从产品类别来看，海带出口数量与出口金额的变化趋势一致，2019 年出口总量3 541.105吨，比 2011 年减少了 38%，出口总额 1 322.246 万

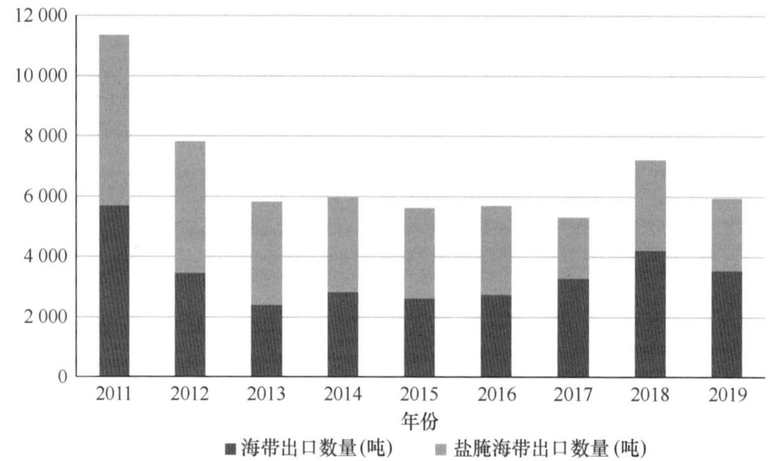


图 6-6　2011—2019 年山东省海带与盐腌海带出口数量

数据来源：中国水产品进出口贸易统计年鉴（2011—2016）；海关数据（2017—2019）

美元，比 2011 年减少了 24%。盐腌海带出口规模总体呈下降趋势，2019 年出口总量和出口总额分别为 2 417. 872 吨和 538. 53 万美元，比 2011 年下降了 57%和 53%（图 6-7）。

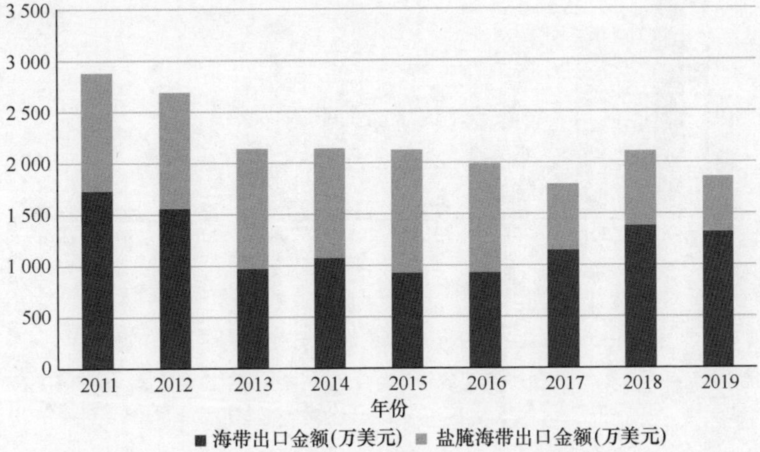


图 6-7　2011—2019 年山东省海带与盐腌海带出口金额

数据来源：中国水产品进出口贸易统计年鉴（2011—2016）；海关数据（2017—2019）

2011—2019 年，山东省海带与盐腌海带进口总量与进口总额总体呈下降趋势。进口总量 2011 年最高达到 1 160. 632 吨，2012 年下降 35%，2013 年比上年下降 88%，2014—2015 年连续下降，2016 年小幅上升，2017—2019 年逐年小幅度减少，2019 年进口总量降至最低点 60. 642 吨（图 6－8）。进口总额 2011 年最高达到 95. 49 万美元，2012 年下降 62%，2013 年比上年下降 48%，2014—2015 年连续下降至最低点，2016—2018 年变化不大，2019 年进口总额在数量减少的情况下上升至 14. 019 万美元（图 6-9）。分品种来看，进口品种主要为海带，盐腌海带从 2015 年开始就没有进口或很少进口。海带进口数量 2019 年为 60. 642 吨，比 2011 年减少 94%。

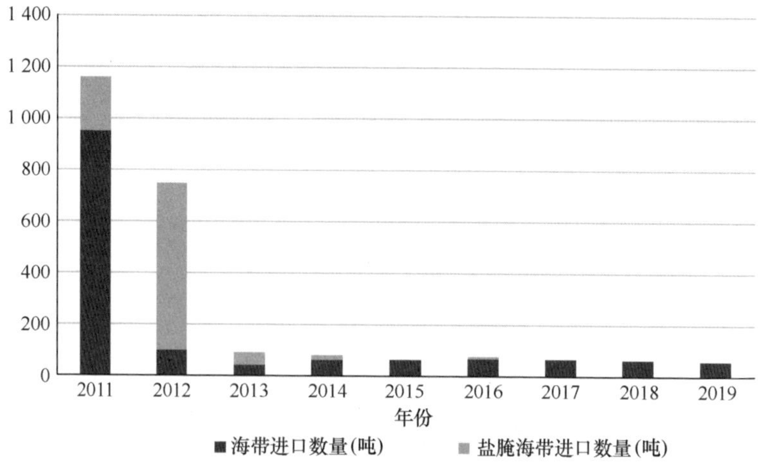


图 6-8　2011—2019 年山东省海带与盐腌海带进口数量

数据来源：中国水产品进出口贸易统计年鉴（2011—2016）；海关数据（2017—2019）

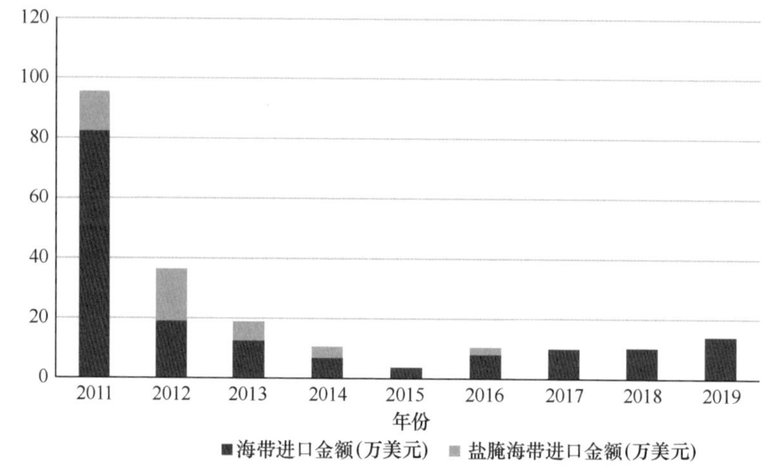


图 6-9　2011—2019 年山东省海带与盐腌海带进口金额

数据来源：中国水产品进出口贸易统计年鉴（2011—2016）；海关数据（2017—2019）

### 6.2.2　全国贸易情况对比

对比全国来看，2019 年，全国出口海带 5 064.551 吨，出口额 1 778.516 3 万美元。出口前几位的省份为山东省（出口量 3 541.105

吨，出口额 1 322.245 8 万美元）、福建省（出口量 685.653 吨，出口额 245.906 3 万美元）、黑龙江省（出口量 157.481 吨，出口额 33.882 2 万美元）、辽宁省（出口量 132.385 吨，出口额 64.934 万美元）。其中，山东省海带出口量和出口额占全国的 70%和 74%。

2019 年，全国进口海带 158.433 吨，进口额 93.354 7 万美元。进口前几位的省份为辽宁省（进口量 77.007 吨，进口额 47.246 1 万美元）、山东省（进口量 60.642 吨，进口额 14.019 4 万美元）、北京市（进口量 10.568 吨，进口额 14.479 9 万美元）。其中，山东省海带进口量和进口额占全国的 38%和 15%。

2019 年，全国出口盐腌海带 11 358.712 吨，出口额 4 246.863 5 万美元。出口前几位的省份为福建省（出口量 4 851.522 吨，出口额 2 601.412 3 万美元）、辽宁省（出口量 3 894.85 千克，出口额 1 077.733 5 万美元）、山东省（出口量 2 417.872 吨，出口额 538.530 2 万美元）。其中山东省出口量与出口额占全国的 21%和 13%。

2019 年，全国进口盐腌海带 73.543 吨，进口额 17.207 4 万美元。进口盐腌海带的只有辽宁省、北京市与上海市。

### 6.2.3　进出口市场结构

出口方面，山东省海带主要销往日本、俄罗斯、美国等国家和地区，其中日本占比最高，2019 年出口日本海带贸易额与贸易量分别占贸易总额和总量的 74.06%和 45.47%（表 6-1）。盐腌海带主要销往中国台湾、美国和日本，其中中国台湾占比最高，2019 年出口台湾盐腌海带贸易额与贸易量分别占贸易总额和总量的 90.82%与 91.13%（表 6-2）。

**表 6-1　山东省海带主要出口国/地区贸易额与贸易量占比（%）**

| 2017 年 | | | 2018 年 | | | 2019 年 | | |
|---|---|---|---|---|---|---|---|---|
| 国家/地区 | 贸易额占比 | 贸易量占比 | 国家/地区 | 贸易额占比 | 贸易量占比 | 国家/地区 | 贸易额占比 | 贸易量占比 |
| 日本 | 72.15 | 43.33 | 日本 | 68.53 | 38.99 | 日本 | 74.06 | 45.47 |
| 俄罗斯联邦 | 11.62 | 29.55 | 俄罗斯联邦 | 12.65 | 30.36 | 俄罗斯联邦 | 9.89 | 28.74 |

续表

| 2017年 | | | 2018年 | | | 2019年 | | |
|---|---|---|---|---|---|---|---|---|
| 国家/地区 | 贸易额占比 | 贸易量占比 | 国家/地区 | 贸易额占比 | 贸易量占比 | 国家/地区 | 贸易额占比 | 贸易量占比 |
| 美国 | 7.32 | 4.16 | 美国 | 7.57 | 4.1 | 美国 | 6.21 | 3.91 |
| 立陶宛 | 4.35 | 13.34 | 立陶宛 | 6.02 | 17.98 | 立陶宛 | 4.37 | 14.12 |
| 乌克兰 | 2.11 | 5.77 | 白俄罗斯 | 1.69 | 1.68 | 白俄罗斯 | 2.94 | 4.44 |
| 合计 | 97.55 | 96.15 | 合计 | 96.46 | 93.11 | 合计 | 97.47 | 96.68 |

数据来源：根据海关数据（2017—2019）计算

**表 6-2　山东省盐腌海带主要出口国/地区贸易额与贸易量占比（%）**

| 2017年 | | | 2018年 | | | 2019年 | | |
|---|---|---|---|---|---|---|---|---|
| 国家/地区 | 贸易额占比 | 贸易量占比 | 国家/地区 | 贸易额占比 | 贸易量占比 | 国家/地区 | 贸易额占比 | 贸易量占比 |
| 中国台湾 | 89.44 | 84.43 | 中国台湾 | 90.36 | 89.08 | 中国台湾 | 90.82 | 91.13 |
| 美国 | 5.64 | 9.31 | 美国 | 4.78 | 6.39 | 美国 | 5.63 | 5.97 |
| 日本 | 3.49 | 4.3 | 日本 | 3.53 | 3.29 | 日本 | 2.92 | 2.29 |

数据来源：根据海关数据（2017—2019）计算

进口方面，日本、韩国是山东省海带的主要来源地。2017—2019年，日本进口规模占比缩小，韩国进口规模占比增加（表 6-3）。

**表 6-3　山东省海带主要进口国/地区贸易额与贸易量占比（%）**

| 2017年 | | | 2018年 | | | 2019年 | | |
|---|---|---|---|---|---|---|---|---|
| 国家/地区 | 贸易额占比 | 贸易量占比 | 国家/地区 | 贸易额占比 | 贸易量占比 | 国家/地区 | 贸易额占比 | 贸易量占比 |
| 日本 | 66.69 | 95.22 | 日本 | 61.06 | 93.51 | 日本 | 44.18 | 85.68 |
| 韩国 | 33.31 | 4.78 | 韩国 | 38.94 | 6.49 | 韩国 | 55.82 | 14.32 |
| 合计 | 100 | 100 | 合计 | 100 | 100 | 合计 | 100 | 100 |

数据来源：根据海关数据（2017—2019）计算

## 6.3　裙带菜贸易情况

山东省裙带菜贸易以出口为主，进口很少。裙带菜贸易在《商品名称及编码协调制度》中有四个分类——干的裙带菜、鲜的裙带菜、其他裙带菜与盐腌裙带菜。

### 6.3.1 进出口量与进出口额

2011—2019年，山东省裙带菜出口数量2011年最高达到10 849.585吨，2012年下降了45%，2013—2015年持续下降至最低点，2016年比上年增加了56%，2017—2018年小幅度下降，2019年小幅回升至5 716.066吨（图6-10）。出口金额的变化趋势与出口数量的变化趋势有所差别，2012年下降了61%，2013年继续下降至最低点，2014年在出口数量下降的情况下比同年增加了61%，2015年小幅度下降，2016年大幅度回升，2017—2019年逐年回落至1 522.028万美元（图6-11）。从产品类别来看，裙带菜出口以盐腌裙带菜为主，其他裙带菜有少量出口，干的裙带菜除2011年外其他年份出口量很少。2019年，盐腌裙带菜出口数量为4 101.466吨，比2011年下降了41%，出口金额1 392.593万美元，比2011年增加了98%。2019年，其他裙带菜出口数量1 614.15吨，比2011年减少了11%，出口金额129.227万美元，比2011年减少了57%。2019年，干的裙带菜出口数量和金额仅有0.45吨和0.207万美元，远低于2011年的2 075.181吨和1 329.44万美元。

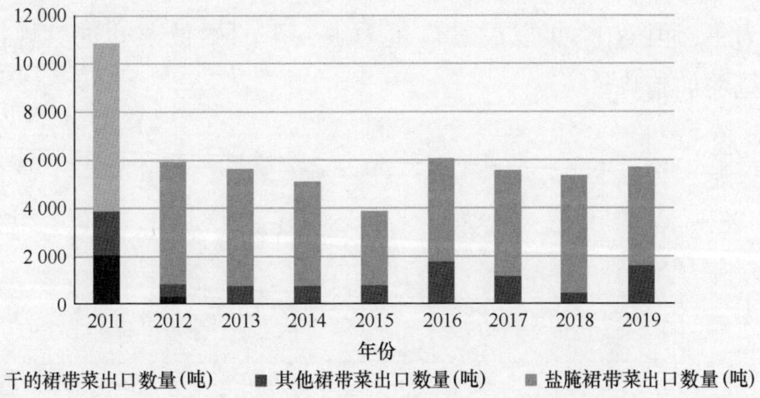


图6-10 2011—2019年山东省裙带菜出口数量

数据来源：中国水产品进出口贸易统计年鉴（2011—2016）；海关数据（2017—2019）

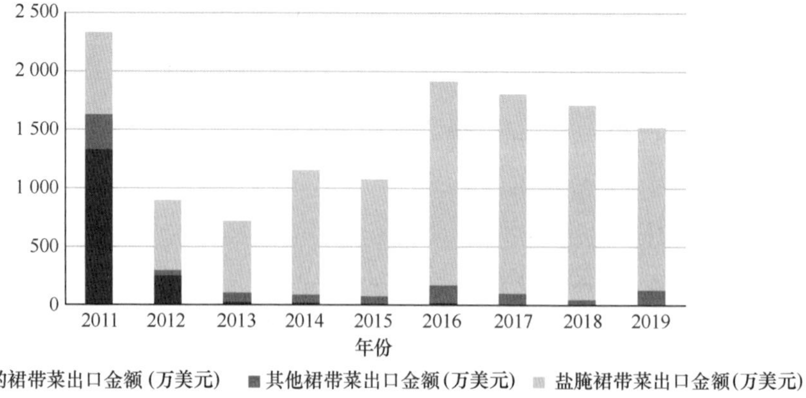


图 6-11　2011—2019 年山东省裙带菜出口金额

数据来源：中国水产品进出口贸易统计年鉴（2011—2016）；海关数据（2017—2019）

2011—2019 年，山东省裙带菜进口规模总体呈下降趋势。2011 年，山东省裙带菜进口数量最高达到 6 250.058 吨，2012 年下降了 44%，2015 年比同年上升了 68%，2014—2015 年大幅度下降，2016 年有所回升，2017—2019 年大幅度下降至 7.815 吨，仅为 2011 年进口数量的 0.1%（图 6-12）。裙带菜进口金额的变化趋势与进口数量的变化趋势基本一致，2019 年，全省裙带菜进口金额 8.7 万美元，仅为 2011 年进口金额的 8.2%（图 6-13）。分品种来看，2011—2016 年以进口盐腌裙带菜为主，但 2017 年以后进口量为零，干的裙带菜的进口规模较小，总体呈增加趋势。

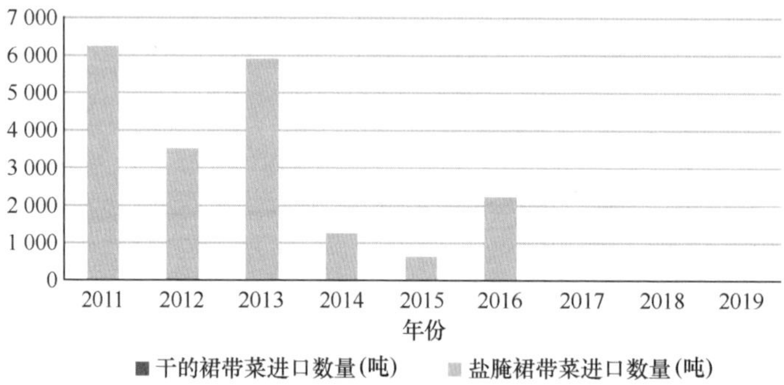


图 6-12　2011—2019 年山东省裙带菜进口数量

数据来源：中国水产品进出口贸易统计年鉴（2011—2016）；海关数据（2017—2019）

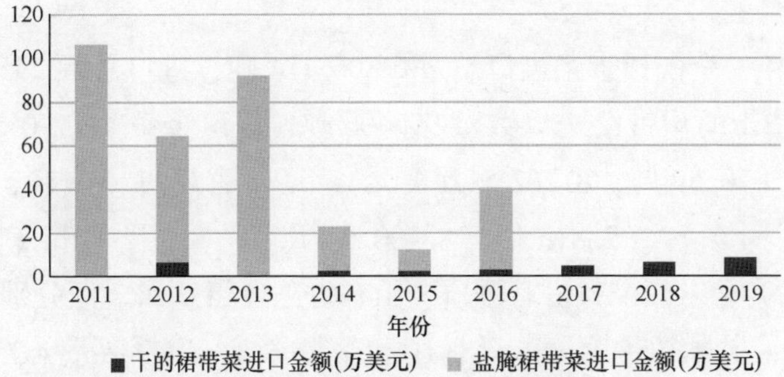


图 6-13　2011—2019 年山东省裙带菜进口金额

数据来源：中国水产品进出口贸易统计年鉴（2011—2016）；海关数据（2017—2019）

### 6.3.2　全国贸易情况对比

对比全国来看，2019 年，全国出口裙带菜 26 601. 04 吨，出口金额 4 900. 194 1 万美元。其中干的裙带菜出口数量 7. 639 吨，出口金额 6. 626 1 万美元，出口省份有江苏省（出口数量 3. 329 吨，出口金额 3. 345 7 万美元）、福建省（出口数量 2. 4 吨，出口金额 1. 536 万美元）、广东省（出口数量 0. 86 吨，出口金额 1. 044 3 万美元）、北京市（出口数量 0. 6 吨，出口金额 0. 493 1 万美元）、山东省排名最后一位（出口数量 0. 45 吨，出口金额 0. 207 万美元），其中山东省出口数量占全国的 6%。其他裙带菜全国出口数量 9 362. 259 吨，出口金额 939. 886 1万美元，出口省份有辽宁省（出口数量 7 725. 459 吨，出口金额 804. 602 5 万美元）、山东省（出口数量 1 614. 15 吨，出口金额 129. 227 2万美元）、浙江省（出口数量 18. 74 吨，出口金额 5. 196 万美元）、北京市（出口数量 3. 91 吨，出口金额 0. 860 4 万美元），其中山东省出口数量占全国的 17%。盐腌裙带菜全国出口数量 1 7231. 142 吨，出口金额 3 953. 681 9 万美元，出口规模排名前几位的省份有辽宁省（出口数量 11 353. 402 吨，出口金额 2 024. 460 5 万美元）、山东省（出口数量 4 101. 466 吨，出口金额 1 392. 593 4 万美元）、江苏省（出口数量 1 242. 046 吨，出口金额 241. 514 5 万美元），其中山东省出口数量占全国的24%。

2019年，全国裙带菜进口总量6 806.174吨，进口总额235.261 3万美元。其中干的裙带菜进口数量99.406吨，进口金额41.790 6万美元，有福建省（70.59吨，8.262 5万美元）、辽宁省（13.657吨，16.005 3万美元）、山东省（7.815吨，8.700 6万美元）、上海市（7.344吨，8.822 2万美元）四个省份有进口，山东省进口数量和金额分别占全国的8%和21%。其他裙带菜全国只有辽宁省有进口，进口数量4 752吨，进口金额161.675 3万美元。盐腌裙带菜全国有江苏省、辽宁省和广东省有进口，进口数量1 954.768吨，进口金额31.795 4万美元。

### 6.3.3 进出口市场结构

出口方面，我国裙带菜产品主要销往日本。其中，干的裙带菜2017—2018年除销往日本外，还销往意大利与韩国，值得注意的是，日本的贸易额占比远高于贸易量占比，2018年韩国的贸易量占比达到90.6%，但贸易额占比只有25.57%，说明销往日本的干裙带菜价格较高，2019年只有中国台湾一个出口地区（表6-4）。其他裙带菜基本全部销往日本（表6-5）。盐腌裙带菜的出口国家/地区较多，日本占一半以上，另外美国、韩国、泰国、立陶宛、加拿大也是主要的出口国，其中出口韩国的贸易量占比较高，近三年来都在10%以上，但贸易额占比相对较低，日本则相反，三年来贸易额占比都高于贸易量占比（表6-6）。

**表6-4　山东省干的裙带菜主要出口国/地区贸易额与贸易量占比（%）**

| 2017年 | | | 2018年 | | | 2019年 | | |
|---|---|---|---|---|---|---|---|---|
| 国家/地区 | 贸易额占比 | 贸易量占比 | 国家/地区 | 贸易额占比 | 贸易量占比 | 国家/地区 | 贸易额占比 | 贸易量占比 |
| 日本 | 96.59 | 82.59 | 日本 | 74.46 | 9.4 | 中国台湾 | 100 | 100 |
| 意大利 | 3.41 | 17.41 | 韩国 | 25.57 | 90.6 | | | |
| 合计 | 100 | 100 | 合计 | 100 | 100 | 合计 | 100 | 100 |

数据来源：根据海关数据（2017—2019）计算

表 6-5　山东省其他裙带菜主要出口国/地区贸易额与贸易量占比（%）

| 2017 年 | | | 2018 年 | | | 2019 年 | | |
|---|---|---|---|---|---|---|---|---|
| 国家/地区 | 贸易额占比 | 贸易量占比 | 国家/地区 | 贸易额占比 | 贸易量占比 | 国家/地区 | 贸易额占比 | 贸易量占比 |
| 日本 | 99.95 | 99.98 | 日本 | 100 | 100 | 日本 | 100 | 100 |
| 香港 | 0.05 | 0.02 | | | | | | |
| 合计 | 100 | 100 | 合计 | 100 | 100 | 合计 | 100 | 100 |

数据来源：根据海关数据（2017—2019）计算。

表 6-6　山东省盐腌裙带菜主要出口国/地区贸易额与贸易量占比（%）

| 2017 年 | | | 2018 年 | | | 2019 年 | | |
|---|---|---|---|---|---|---|---|---|
| 国家/地区 | 贸易额占比 | 贸易量占比 | 国家/地区 | 贸易额占比 | 贸易量占比 | 国家/地区 | 贸易额占比 | 贸易量占比 |
| 日本 | 74.41 | 51.96 | 日本 | 71.93 | 53.95 | 日本 | 68.97 | 51.18 |
| 美国 | 10.98 | 13.95 | 美国 | 12.36 | 16.26 | 韩国 | 8.64 | 13.74 |
| 立陶宛 | 2.91 | 4.73 | 泰国 | 3.9 | 6.54 | 美国 | 7.99 | 10.94 |
| 加拿大 | 2.66 | 3.52 | 加拿大 | 3.47 | 4.48 | 泰国 | 4.77 | 8.64 |
| 泰国 | 2.59 | 4.14 | 韩国 | 2.96 | 11.25 | 立陶宛 | 2.18 | 3.8 |
| 合计 | 93.55 | 78.3 | 合计 | 94.62 | 92.48 | 合计 | 92.55 | 88.3 |

数据来源：根据海关数据（2017—2019）计算

进口方面，只有韩国一个国家是山东省干的裙带菜的来源地，其他裙带菜产品没有进口。

## 6.4　紫菜贸易情况

山东省紫菜贸易以进口为主，出口较少。紫菜贸易在《商品名称及编码协调制度》中有四个分类——干紫菜、鲜紫菜、其他紫菜与调味紫菜。

### 6.4.1　进出口量与进出口额

2011—2019 年，山东省紫菜出口总量波动较大，总体来说，

2011—2014年和2017年紫菜出口较多，都在80吨以上，其他年份出口相对减少较多，在20吨以下。从变化趋势来看，2012年出口总量同比减少16%，2013年大幅度上升至最高点，2014年同比下降35%，2015年大幅度减少至11.5吨，2016年小幅度上升，2017年大幅度增加至110.9吨，2018—2019年又急剧减少至仅有0.715吨（图6-14）。出口总额的变化趋势与出口总量类似，在2011—2014年和2017年出口总额较大，其他年份相对较小。变化趋势上，2012年在出口量下降的情况下出口总额增加了15%，其他年份变化趋势与出口总量变化趋势相同（图6-15）。从产品类别来看，山东省紫菜出口以调味紫菜为主，干紫菜有少量出口，鲜紫菜仅在2018年有极少量出口，其他紫菜没有出口。调味紫菜的出口数量与金额的变化与紫菜出口总量与总额的变化相一致，2019年，调味紫菜出口量与出口额仅有0.236吨和0.69万美元，远低于2011年的106.897吨和175.44万美元。2019年，干紫菜出口量0.479吨，出口金额0.86万美元，2011年没有出口。鲜紫菜仅在2018年一个年份发生了少量出口。

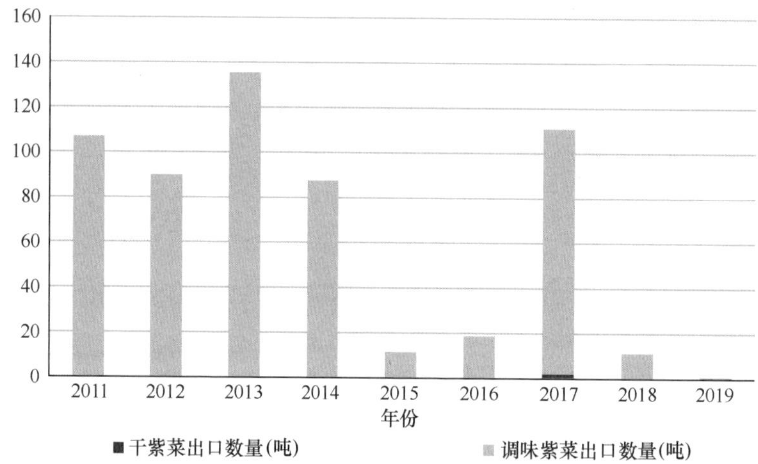


图6-14 2011—2019年山东省紫菜出口数量

数据来源：中国水产品进出口贸易统计年鉴（2011—2016）；海关数据（2017—2019）

2011—2019年，山东省紫菜进口总体呈增加趋势。2012—2016年

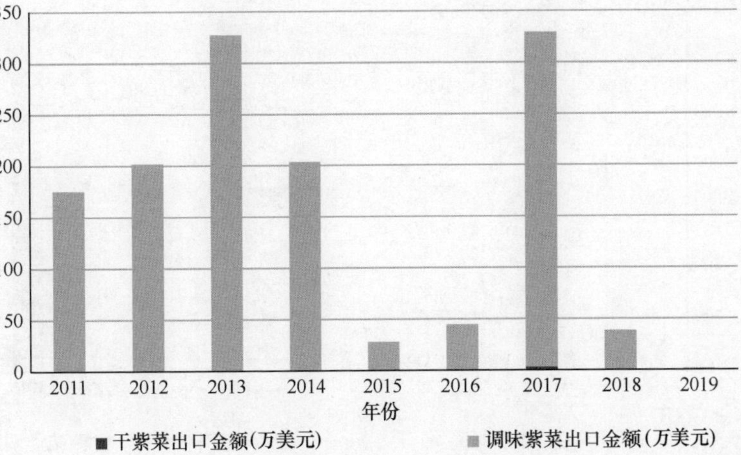


图 6-15　2011—2019 年山东省紫菜出口金额

数据来源：中国水产品进出口贸易统计年鉴（2011—2016）；海关数据（2017—2019）

紫菜进口总量逐年增加，2017 年小幅度下降，2018 年小幅度增加，2019 年同比增加了 87%至 1 193. 109 吨，是 2011 年的 10 倍（图 6-16）。紫菜进口总额的变化趋势与进口总量一致，2019 年，紫菜进口总额增至2 341. 954万美元，是 2011 年的 13 倍。分品种来看，进口品种在2019 年以前以调味紫菜为主，其进口数量 2012—2016 年逐年增加至最高点，2017 年有所回落，2018—2019 年连续增加至 631. 997 吨，是 2011 年的 5 倍多。干紫菜进口数量在 2019 年一直很少，2019 年迅速增加至 561. 112 吨，是 2011 年的 160 倍。其他紫菜只在 2012—2013 年两年有少量进口。鲜紫菜没有进口。进口金额上，调味紫菜与干紫菜的变化趋势与其进口数量相一致。2019 年，调味紫菜进口金额 1 706. 368 万美元，是 2011 年的 10 倍，干紫菜进口金额 635. 586 万美元，是 2011 年的 110 倍（图 6-17）。

### 6. 4. 2　全国贸易情况对比

对比全国来看，2019 年，全国紫菜出口总量 3 555. 386 吨，出口总额 7 541. 492 9 万美元。其中干紫菜出口数量 1 148. 264 吨，出口金额

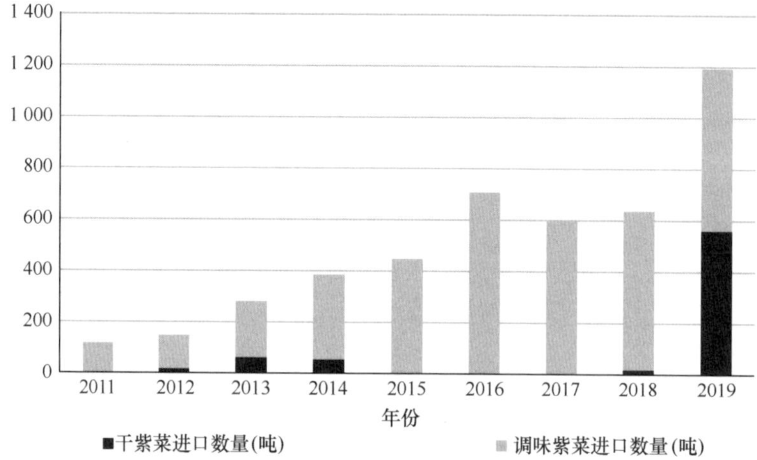


图 6-16 2011—2019 年山东省紫菜进口数量

数据来源：中国水产品进出口贸易统计年鉴（2011—2016）；海关数据（2017—2019）

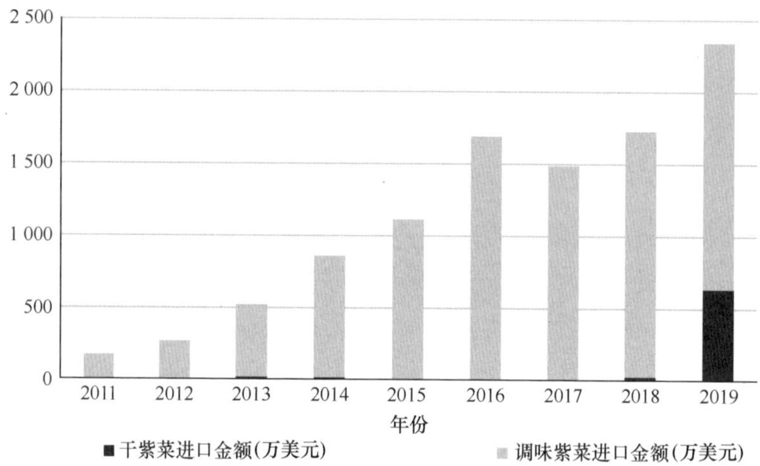


图 6-17 2011—2019 年山东省紫菜进口金额

数据来源：中国水产品进出口贸易统计年鉴（2011—2016）；海关数据（2017—2019）

2 086.050 6万美元，出口前几位的省份有上海市（392.474 吨，974.172 6万美元）、江苏省（315.274 吨，607.247 5 万美元）、广东省（169.169 吨，83.601 4 万美元）。山东省出口数量 0.479 吨，占全国的 0.4%，出口金额 0.860 1 万美元，占全国的 0.4%。鲜紫菜全国只有广东省一个省份有出口，出口总量2.825吨，出口金额1.130 5万美元。其他紫菜全国没有出口。调味紫菜全国出口总量2 404.297吨，出口总额5 454.311 8万美元，出口前几位的省份有福建省（1 178.828吨，2 878.106 9万美元）、上海市（603.824吨，1 592.369 9万美元）、广东省（456.639吨，590.816 4万美元）、江苏省（113.852吨，295.710 3万美元），山东省出口数量与金额分别为0.236吨和0.689 9万美元，都只占全国的0.01%。

2019年，全国紫菜进口总量7 171.987吨，进口总额15 480.655 8万美元。其中干紫菜进口数量3 375.131吨，进口金额4 359.495 1万美元，进口规模前几位的省份有江苏省（进口数量1 418.26吨，进口金额2 158.970 7万美元）、山东省（进口数量561.112吨，进口金额635.585 5万美元）、福建省（进口数量388.403吨，进口金额199.638 6万美元），其中山东省进口数量和金额分别占全国的17%和15%。鲜紫菜全国只有辽宁和广东两个省份有进口，进口数量0.002吨，进口金额0.004 8万美元。其他紫菜全国只有广东省一个省份有进口，进口数量0.004吨，进口金额0.01万美元。调味紫菜进口数量3 796.85吨，进口金额11 121.145 9万美元，进口前几位的省份有广东省（进口数量1 071.044吨，进口金额3 141.708万美元）、上海市（进口数量819.073吨，进口金额2 446.639 8万美元）、山东省（进口数量631.997吨，进口金额1 706.368 4万美元）、辽宁省（进口数量475.318吨，进口金额1 251.187 9万美元），其中山东省进口数量与金额分别占全国的17%和15%。

### 6.4.3　进出口市场结构

出口方面，山东省紫菜出口国变化较大。2017年干紫菜主要出口法国，2018年没有出口，2019年主要出口阿根廷、南非等国家（表6-7）。调味紫菜2017年主要销往巴西、葡萄牙、美国等国家，2018年主要销往美国、巴西、波兰等国家，2019年主要销往以色列、越南和澳大利亚（表6-8）。鲜紫菜仅在2018年销往韩国。

表 6-7　山东省干紫菜主要出口国/地区贸易额与贸易量占比（%）

| 2017 年 | | | 2019 年 | | |
|---|---|---|---|---|---|
| 国家/地区 | 贸易额占比 | 贸易量占比 | 国家/地区 | 贸易额占比 | 贸易量占比 |
| 法国 | 98.17 | 98.69 | 阿根廷 | 32.44 | 30.69 |
| 安哥拉 | 1.83 | 1.31 | 南非 | 26.74 | 25.05 |
| | | | 以色列 | 16.44 | 15.03 |
| | | | 意大利 | 16.11 | 18.37 |
| 合计 | 100 | 100 | 合计 | 91.73 | 89.14 |

数据来源：根据海关数据（2017—2019）计算

表 6-8　山东省调味紫菜主要出口国/地区贸易额与贸易量占比（%）

| 2017 年 | | | 2018 年 | | | 2019 年 | | |
|---|---|---|---|---|---|---|---|---|
| 国家/地区 | 贸易额占比 | 贸易量占比 | 国家/地区 | 贸易额占比 | 贸易量占比 | 国家/地区 | 贸易额占比 | 贸易量占比 |
| 巴西 | 13.35 | 12.35 | 美国 | 27.18 | 36.8 | 以色列 | 48.2 | 50.85 |
| 葡萄牙 | 13 | 14.98 | 巴西 | 21.95 | 20.42 | 越南 | 30.13 | 21.19 |
| 美国 | 10.24 | 10.18 | 波兰 | 13.96 | 10.69 | 澳大利亚 | 21.67 | 27.97 |
| 意大利 | 8.7 | 9.72 | 新加坡 | 9.63 | 10.07 | | | |
| 新加坡 | 7.3 | 5.54 | 土耳其 | 8.38 | 5.97 | | | |
| 合计 | 39.24 | 40.42 | 合计 | 81.1 | 83.95 | 合计 | 100 | 100 |

数据来源：根据海关数据（2017—2019）计算

进口方面，山东省干紫菜和调味紫菜主要销往韩国（表 6-9、表 6-10）。

表 6-9　山东省干紫菜主要进口国/地区贸易额与贸易量占比（%）

| 2017 年 | | | 2018 年 | | | 2019 年 | | |
|---|---|---|---|---|---|---|---|---|
| 国家/地区 | 贸易额占比 | 贸易量占比 | 国家/地区 | 贸易额占比 | 贸易量占比 | 国家/地区 | 贸易额占比 | 贸易量占比 |
| 韩国 | 100 | 100 | 韩国 | 99.8 | 99.9 | 韩国 | 100 | 100 |

续表

| 2017 年 | | | 2018 年 | | | 2019 年 | | |
| --- | --- | --- | --- | --- | --- | --- | --- | --- |
| 国家/地区 | 贸易额占比 | 贸易量占比 | 国家/地区 | 贸易额占比 | 贸易量占比 | 国家/地区 | 贸易额占比 | 贸易量占比 |
| | | | 美国 | 0.2 | 0.1 | | | |
| 合计 | 100 | 100 | 合计 | 100 | 100 | 合计 | 100 | 100 |

数据来源：根据海关数据（2017—2019）计算

**表 6-10　山东省调味紫菜主要进口国/地区贸易额与贸易量占比（%）**

| 2017 年 | | | 2018 年 | | | 2019 年 | | |
| --- | --- | --- | --- | --- | --- | --- | --- | --- |
| 国家/地区 | 贸易额占比 | 贸易量占比 | 国家/地区 | 贸易额占比 | 贸易量占比 | 国家/地区 | 贸易额占比 | 贸易量占比 |
| 韩国 | 99.02 | 98.73 | 韩国 | 99.17 | 98.97 | 韩国 | 98.44 | 98.35 |
| 泰国 | 0.95 | 1.16 | 泰国 | 0.83 | 1.03 | 泰国 | 1.56 | 1.65 |
| 合计 | 99.97 | 99.89 | 合计 | 100 | 100 | 合计 | 100 | 100 |

数据来源：根据海关数据（2017—2019）计算

## 6.5　藻类化工原料产品进口情况

山东省藻类化工产业较为发达，对藻类原料产品需求较大，海外藻类产品具有价格低廉、所含提取物占比高等优势，因此进口规模大。由于此类产品出口较少，因此本节只对进口进行分析。在《商品名称及编码协调制度》中有三个分类相关——马尾藻、干麒麟菜、不适合供人食用的海草及其他藻类。在 2012 年《商品名称及编码协调制度》将“未列名海草与其他藻类”去掉，替换为“未列名适合供人食用的海草及其他藻类”和“不适合供人食用的海草及其他藻类”，因此从 2012 年开始分析。

### 6.5.1　进口量与进口额

2012—2019 年，山东省藻类化工原料产品进口总量总体来说较为稳定。2013 年进口总量增加至最高值，2014—2015 年逐年减少，2016 年小幅度回升后至 2019 年数量基本稳定，2019 年进口总量 94 044. 813吨，比 2012 年减少了 18%（图 6-18）。进口总额也在 2013 年增加至最高值，2014—2015 年逐年减少，2016—2017 年逐年增加，2018—2019 年又连续两年回落，2019 年进口总额 8 770. 155 万美元，比 2012 年减少了 12%（图 6-19）。

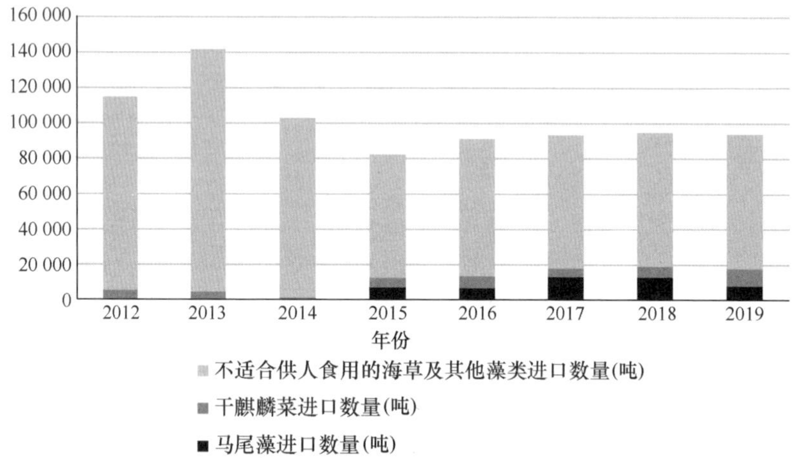


图 6-18　2012—2019 年山东省藻类化工原料产品进口数量

数据来源：中国水产品进出口贸易统计年鉴（2011—2016）；海关数据（2017—2019）

分品种来看，藻类化工原料产品进口以不适合供人食用的海草及其他藻类为主，但其数量占比逐渐减少，干麒麟菜占比逐渐增加。2019 年，不适合供人食用的海草及其他藻类占比 81%，干麒麟菜占比 10. 4%，马尾藻占比 8. 6%。2012—2019 年，不适合供人食用的海草及其他藻类进口数量 2014 年达到最高点，之后年份总体呈下降趋势，其进口金额的变化趋势与数量变化趋势相一致，2019 年，不适合供人食用的海草及其他藻类进口数量与金额分别为 76 817. 179 吨和 7 898. 932 万美元，分别比 2012 年减少了 30%和 20%。马尾藻从 2015 年开始进口，进口数量 2016 年小幅度减少，2017 年大幅度增加，2018—2019 年下降至8 069. 76吨，进口金额 2016—2018 年逐年增加，2019 年有所减

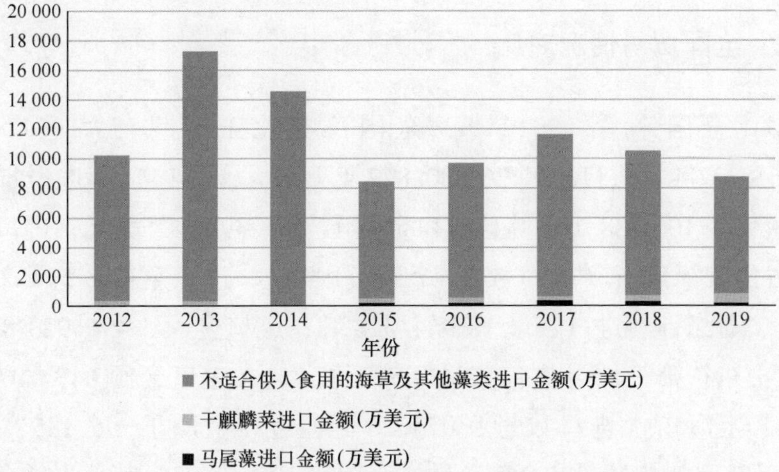


图 6-19　2012—2019 年山东省藻类化工原料产品进口金额

数据来源：中国水产品进出口贸易统计年鉴（2011—2016）；海关数据（2017—2019）

少至 223.516 万美元。干麒麟菜进口数量 2013—2014 年连续下降至最低点，2015—2016 年连续回升，2017 年有所下降，2018—2019 年连续增加至 8 069.76 吨，比 2011 年增加了 77%，进口金额变化趋势与数量变化趋势相一致，2019 年干麒麟菜进口金额 647.707 万美元，比 2011 年增加了 62%（表 6-11）。

**表 6-11　2012—2019 年分品种藻类化工原料产品进口数量占比（%）**

| 年份 | 马尾藻 | 干麒麟菜 | 不适合供人食用的海草及其他藻类 |
|---|---|---|---|
| 2012 | 0 | 4.8 | 95.2 |
| 2013 | 0 | 3.4 | 96.6 |
| 2014 | 0 | 1.4 | 98.6 |
| 2015 | 8.6 | 6.7 | 84.6 |
| 2016 | 7.5 | 7.3 | 85.2 |
| 2017 | 14.2 | 5.1 | 80.7 |
| 2018 | 13.8 | 6.4 | 79.8 |
| 2019 | 8.6 | 10.4 | 81.0 |

### 6.5.2 全国贸易情况对比

对比全国来看，2019 年，全国藻类化工原料产品进口总量 207 865.337吨，进口总额 26 830.822 4 万美元。其中全国进口干麒麟菜数量最多 100 888.143 吨，进口金额 17 285.392 4 万美元，进口前几位的省份有福建省（进口数量 47 343.199 吨，进口金额 8 534.234 万美元）、浙江省（进口数量 18 954.328 吨，进口金额 3 496.923 8 万美元）、山东省第三位（进口数量 9 787.874 吨，进口金额 647.707 2 万美元）、上海市（进口数量 9 075.26 吨，进口金额 1 795.185 9 万美元），山东省进口数量和金额分别占全国的 10%和 4%。其他不适合供人食用的海草及其他藻类全国进口 85 583.122 吨，进口金额 8 990.397 7 万美元，进口前几位的省份有山东省（进口数量 76 187.179 吨，进口金额 7 898.931 7 万美元）、江苏省（进口数量 7 863.949 吨，进口金额 816.717 4 万美元）、福建省（进口数量 462.985 吨，进口金额 92.241 万美元），其中山东省进口数量和金额分别占全国的 89%和 88%。2019 年全国进口马尾藻 21 394.072 吨，进口金额 555.032 3 万美元，其中进口前几位的省份有山东省（进口数量 8 069.76 吨，进口金额 223.515 9 万美元）、河北省（进口数量 6 376.856 吨，进口金额 1 527.84 万美元）、北京市（进口数量 4 993.245 吨，进口金额 128.962 9 万美元），山东省进口数量和进口金额分别占全国的 38%和 40%。

### 6.5.3 进口市场结构

进口方面，山东省干麒麟菜主要来源于印度尼西亚（表 6-12）。马尾藻主要来源于印度尼西亚、菲律宾和越南，近三年印度尼西亚进口占比逐渐减小，菲律宾和越南占比增加（表 6-13）。不适合供人食用的海草及其他藻类来源于智利、秘鲁和印度尼西亚（表 6-14）。

**表 6-12　山东省干麒麟菜主要进口国/地区贸易额与贸易量占比（%）**

| 2017 年 | | | 2018 年 | | | 2019 年 | | |
|---|---|---|---|---|---|---|---|---|
| 国家/地区 | 贸易额占比 | 贸易量占比 | 国家/地区 | 贸易额占比 | 贸易量占比 | 国家/地区 | 贸易额占比 | 贸易量占比 |
| 印度尼西亚 | 100 | 100 | 印度尼西亚 | 100 | 100 | 印度尼西亚 | 99 | 99.26 |
| | | | | | | 菲律宾 | 1 | 0.74 |
| 合计 | 100 | 100 | 合计 | 100 | 100 | 合计 | 100 | 100 |

数据来源：根据海关数据（2017—2019）计算

**表 6-13　山东省马尾藻主要出口国/地区贸易额与贸易量占比（%）**

| 2017 年 | | | 2018 年 | | | 2019 年 | | |
|---|---|---|---|---|---|---|---|---|
| 国家/地区 | 贸易额占比 | 贸易量占比 | 国家/地区 | 贸易额占比 | 贸易量占比 | 国家/地区 | 贸易额占比 | 贸易量占比 |
| 印度尼西亚 | 90.93 | 91.01 | 印度尼西亚 | 89.17 | 90.35 | 印度尼西亚 | 47.81 | 53.11 |
| 菲律宾 | 9.07 | 8.99 | 菲律宾 | 10.83 | 9.65 | 菲律宾 | 32.73 | 30.64 |
| | | | | | | 越南 | 19.46 | 16.25 |
| 合计 | 100 | 100 | 合计 | 100 | 100 | 合计 | 100 | 100 |

数据来源：根据海关数据（2017—2019）计算

**表 6-14　山东省其他不适合供人食用的海草及其他藻类主要出口国/地区贸易额与贸易量占比（%）**

| 2017 年 | | | 2018 年 | | | 2019 年 | | |
|---|---|---|---|---|---|---|---|---|
| 国家/地区 | 贸易额占比 | 贸易量占比 | 国家/地区 | 贸易额占比 | 贸易量占比 | 国家/地区 | 贸易额占比 | 贸易量占比 |
| 智利 | 79.21 | 74.62 | 智利 | 66.52 | 54.25 | 智利 | 64.77 | 52.4 |
| 秘鲁 | 17.86 | 20.69 | 秘鲁 | 31.27 | 41.65 | 秘鲁 | 30.59 | 41.64 |
| 印度尼西亚 | 1.97 | 3.69 | 印度尼西亚 | 1.57 | 3.35 | 印度尼西亚 | 3.51 | 4.78 |
| 合计 | 99.04 | 99 | 合计 | 99.36 | 99.25 | 合计 | 98.87 | 98.82 |

数据来源：根据海关数据（2017—2019）计算

## 6.6 藻类化工产品贸易情况

山东省藻类化工产品贸易以出口为主，进口较少。藻类化工产品贸易在《商品名称及编码协调制度》中有四个分类——琼脂、卡拉胶、褐藻胶、未列名海草及藻类产品制得的胶液及增稠剂。除琼脂之外，其他分类产品在2008年开始有贸易发生。

### 6.6.1 进出口量与进出口额

2008—2019年，山东省藻类化工产品出口数量总体呈逐年上升趋势，只在2019年有所回落。2019年藻类化工产品出口数量24 611.914吨，是2008年出口数量的近3倍（图6-20）。山东省藻类化工产品出口金额总体也呈上升趋势，与出口数量变化不同的是，除2019年外，2015年出口金额也有所回落。2019年，藻类化工产品出口金额14 649.245万美元，是2008年出口金额的近3倍（图6-21）。

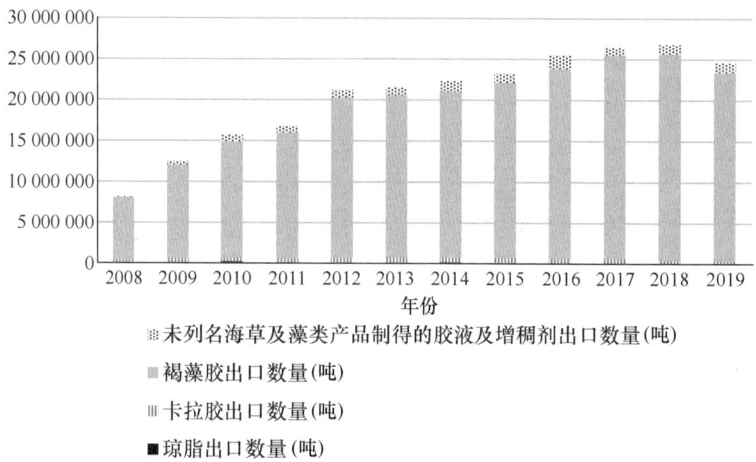


图6-20 2008—2019年山东省藻类化工产品出口数量

数据来源：中国水产品进出口贸易统计年鉴（2008—2016）；海关数据（2017—2019）

分品种来看，山东省藻类化工产品出口以褐藻胶为主，2019年褐藻

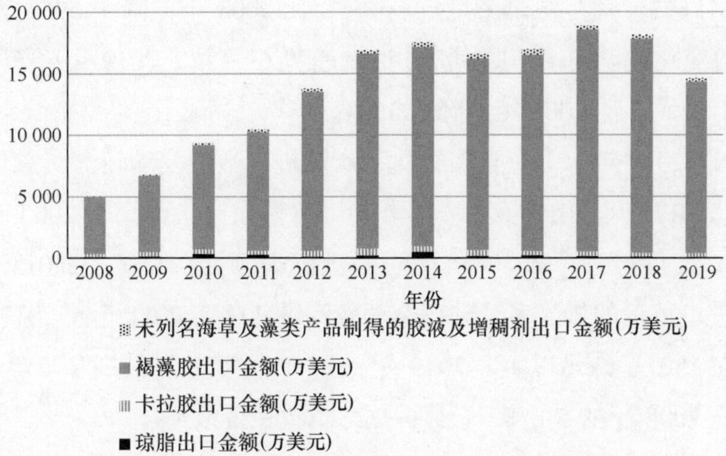


图6-21　2008—2019年山东省藻类化工产品出口金额

数据来源：中国水产品进出口贸易统计年鉴（2008—2016）；海关数据（2017—2019）

胶出口数量占出口总量的94%。褐藻胶出口数量和金额的变化趋势与全省藻类化工产品出口总量与总额的变化趋势完全一致，总体呈上升趋势，2019年，褐藻胶出口数量与金额分别为39.993吨与13 944.143万美元，都是2008年对应数值的3倍多。卡拉胶出口数量在2008—2019年变动较为频繁，2012—2017年中间年份出口数量相对较高且在2013年达到最高值，两端年份出口数量相对较低，2019年出口数量降至343.825吨，比2008年还降低了近6%。卡拉胶出口金额在2012—2015年中间年份相对较高且在2013年达到最高值，两端年份出口金额相对较低，2019年出口金额降至324.923万美元，比2008年升高了12%。未列名海草及藻类产品制得的胶液及增稠剂出口数量在2008—2019年变动较频繁，总体呈上升趋势，在2016年达到最高值，2019年出口数量1 177.81吨，是2008年的9倍多。未列名海草及藻类产品制得的胶液及增稠剂出口金额2008—2016年间除2015年小幅度下降外一直呈逐年上升趋势，并在2016年达到最高值，2017年降幅较大，2018—2019年两年有所回升，2019年出口金额304.041万美元，是2008年的10倍多。琼脂的出口规模最小，2008—2019年出口数量变化较频繁，2017—2019年下降较快，

2019 年出口数量降至最低点 39.993 吨，比 2008 年下降了 59%。琼脂出口金额的变化趋势与出口数量的变化趋势相一致，2019 年降至最低点 76.137 万美元，比 2008 年下降了 10%。

2008—2019 年，山东省藻类化工产品进口数量变动较大，总体来说，2011 年、2017 年、2019 年三个年份进口数量较高，都高于 200 吨，其他年份进口数量较小。2019 年，进口数量达到最高值 232.015 吨，是 2008 年进口数量的 2 倍多。进口金额较高的年份有 2011 年及 2017—2019 年，都在 150 万美元以上，2019 年，进口金额达到最高值 277.814 万美元，是 2008 年的 5 倍多（图 6-22、图 6-23）。

分品种来看，2008—2014 年山东省藻类化工进口产品以卡拉胶为主，2014 年开始琼脂进口规模增大，褐藻胶与未列名海草及藻类产品制得的胶液及增稠剂只在个别年份存在少量进口。卡拉胶进口数量和金额变动较频繁，都在 2011 年达到最高值，2019 年卡拉胶进口数量和金额分别为 93.825 吨与 111.790 万美元，进口数量比 2008 年只增加了 5%，但进口金额翻了一番多。琼脂进口在 2015 年数量与金额很低，2015—2016 年增长较快，2017—2019 年快速增加至最高值 138.19 吨与 166.025 万美元，相对应 2008 年只有 0.03 吨与 0.138 万美元。

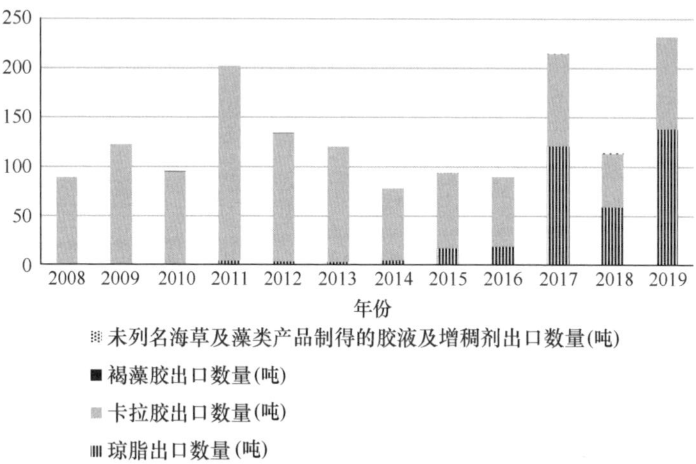


图 6-22　2008—2019 年山东省藻类化工产品进口数量

数据来源：中国水产品进出口贸易统计年鉴（2008—2016）；海关数据（2017—2019）

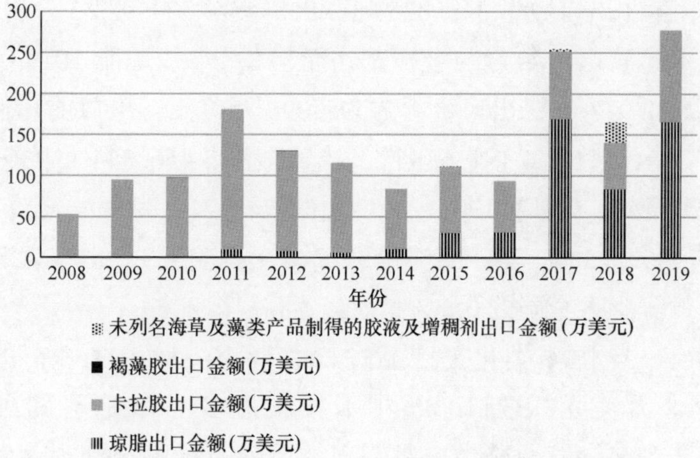


图 6-23　2008—2019 年山东省藻类化工产品进口金额

数据来源：中国水产品进出口贸易统计年鉴（2008—2016）；海关数据（2017—2019）

### 6.6.2　全国贸易情况对比

对比全国来看，2019 年，全国藻类化工产品的出口总量达 54 911.408 吨，出口总额 43 127.3118 万美元，出口总量中褐藻胶最多 (52%)，其次为卡拉胶（31%），琼脂（10%）和未列名海草及藻类产品制得的胶液及增稠剂（7%）出口相对较少。褐藻胶 2019 年全国出口数量 28 626.533 吨，出口金额 16 752.873 1 万美元，出口前几位的省份有山东省（出口数量 23 050.286 吨，出口金额 13 944.142 6 万美元)、江苏省（出口数量 3 626.575 吨，出口金额 1 985.457 4 万美元)、上海市（出口数量 1 500.57 吨，出口金额 526.109 7 万美元)，其中山东省褐藻胶出口数量与金额分别占全国的 81%与 83%。卡拉胶 2019 年全国出口数量 16 794.001 吨，出口金额 16 525.521 8 万美元，出口前几位的省份有浙江省（出口数量 5 524.85 吨，出口金额 5 237.096 7 万美元)、福建省（出口数量 5 315.485 吨，出口金额 5 452.967 2 万美元)、上海市（出口数量 3 673.827 吨，出口金额 3 388.010 4 万美元)、广西壮族自治区（出口数量 1 404.87 吨，出口金额 1 744.962 3 万美元)、山东省（出口数量343.825吨，出口金额324.923 3万美元)，其中山东省卡拉胶出口数量与金额都占全国的2%。琼脂2019年全国出口数量5 670.917吨，出口金额7 595.098万美元，出口前几位的省份有福建省（出口数量4 181.688吨，出口金额5 456.834 1万美元)、广东省（出口数量488.314吨，出口金额748.218 8万美元)、海南省（出口数量359.72吨，出口金额499.746 9万美元)，山东省琼脂出口数量与金额分别占全国的0.7%和1%。

2019年，全国藻类化工产品进口总量10 188.941吨，进口总额9 535.984 8万美元，进口总量中卡拉胶最多（89%)，其次为琼脂（10%)，未列名海草及藻类产品制得的胶液及增稠剂和褐藻胶进口相对较少。卡拉胶2019年全国进口数量9 066.688吨，进口金额7 673.43万美元，进口前几位的省份有浙江省（进口数量4 908.015吨，进口金额3 702.083万美元)、上海市（进口数量3 243.916吨，进口金额2 870.049 2万美元)、广东省（进口数量368.79吨，进口金额514.662万美元)，其中山东省褐藻胶进口数量与金额都占全国的1%。琼脂2019年全国进口数量1 040.191吨，进口金额1 643.696 1万美元，进口前几位的省份有上海市（进口数量705.335吨，进口金额1 063.166 8万美元)、山东省（进口数量138.19吨，进口金额166.024 8万美元)、广东省（进口数量98.181吨，进口金额181.275 2万美元)，其中山东省琼脂进口数量与金额分别占全国的13%和10%。未列名海草及藻类产品制得的胶液及增稠剂2019年全国进口数量46.622吨，进口金额173.738 1万美元，进口前几位的省份有广东省（进口数量27.465吨，进口金额45.582 7万美元)、辽宁省（进口数量12吨，进口金额12.036万美元)，山东省2019年没有进口。褐藻胶2019年只有广东省、上海市、山东省3个省（市）发生了进口，其中山东省进口总量和金额占全国的0.6%和0.04%。

### 6.6.3 进出口市场结构

出口方面，山东省琼脂主要销往美国、新加坡、阿根廷、澳大利亚等国家，且美国占比较高（表 6-15）。卡拉胶出口 20 余个国家和地区，主要包括孟加拉国、哥斯达黎加、俄罗斯等，2019 年出口额占比前 5 位的国家贸易总额约占总出口额的 64%（表 6-16）。褐藻胶销往世界约 70 个国家和地区，主要包括日本、美国、巴基斯坦等，2019 年出口额占比前 5 位的国家贸易总额约占总出口额的 45%（表 6-17）。未列名海草及藻类产品制得的胶液及增稠剂销往世界约 30 个国家和地区，主要包括美国、印度、泰国等，2019 年出口额占比前 5 位的国家贸易总额约占总出口额的 50%（表 6-18）。

**表 6-15　山东省琼脂主要出口国/地区贸易额与贸易量占比（%）**

| 2017 年 | | | 2018 年 | | | 2019 年 | | |
|---|---|---|---|---|---|---|---|---|
| 国家/地区 | 贸易额占比 | 贸易量占比 | 国家/地区 | 贸易额占比 | 贸易量占比 | 国家/地区 | 贸易额占比 | 贸易量占比 |
| 美国 | 61. 42 | 61. 87 | 美国 | 68. 63 | 67 | 美国 | 44. 28 | 47. 51 |
| 新加坡 | 18. 68 | 17. 71 | 阿根廷 | 15. 17 | 19. 1 | 澳大利亚 | 22. 82 | 17. 77 |
| 澳大利亚 | 6. 23 | 6. 46 | 日本 | 6. 49 | 3. 86 | 日本 | 14. 82 | 12. 17 |
| 日本 | 4. 35 | 3. 12 | 澳大利亚 | 5. 05 | 4. 84 | 伊朗 | 9. 16 | 12. 5 |
| 德国 | 3. 64 | 4. 72 | 俄罗斯 | 1. 98 | 2. 35 | 俄罗斯 | 4. 88 | 5. 2 |
| 合计 | 94. 32 | 93. 88 | 合计 | 97. 32 | 97. 15 | 合计 | 95. 96 | 95. 15 |

数据来源：根据海关数据（2017—2019）计算

**表 6-16　山东省卡拉胶主要出口国/地区贸易额与贸易量占比（%）**

| 2017 年 | | | 2018 年 | | | 2019 年 | | |
|---|---|---|---|---|---|---|---|---|
| 国家/地区 | 贸易额占比 | 贸易量占比 | 国家/地区 | 贸易额占比 | 贸易量占比 | 国家/地区 | 贸易额占比 | 贸易量占比 |
| 孟加拉国 | 15. 58 | 19. 21 | 哥斯达黎加 | 22. 04 | 24 | 俄罗斯 | 20. 61 | 21. 23 |
| 德国 | 14. 36 | 14. 28 | 德国 | 10. 73 | 8. 66 | 德国 | 17. 71 | 17. 09 |
| 墨西哥 | 13. 82 | 8. 84 | 俄罗斯 | 10. 1 | 11. 35 | 中国台湾 | 16. 67 | 11. 06 |
| 伊朗 | 11. 25 | 14. 45 | 孟加拉国 | 9. 05 | 10. 88 | 墨西哥 | 4. 61 | 3. 13 |
| 哥斯达黎加 | 9. 22 | 9. 94 | 伊朗 | 8. 93 | 11. 35 | 印度尼西亚 | 4. 37 | 3. 49 |
| 合计 | 64. 23 | 66. 72 | 合计 | 60. 85 | 66. 24 | 合计 | 63. 97 | 56 |

数据来源：根据海关数据（2017—2019）计算

表 6-17　山东省褐藻胶主要出口国/地区贸易额与贸易量占比（%）

| 2017 年 | | | 2018 年 | | | 2019 年 | | |
|---|---|---|---|---|---|---|---|---|
| 国家/地区 | 贸易额占比 | 贸易量占比 | 国家/地区 | 贸易额占比 | 贸易量占比 | 国家/地区 | 贸易额占比 | 贸易量占比 |
| 日本 | 10.59 | 7.37 | 美国 | 10.32 | 7.62 | 日本 | 12.02 | 7.42 |
| 巴基斯坦 | 9.51 | 11.28 | 巴基斯坦 | 9.15 | 11.25 | 美国 | 10.59 | 7.2 |
| 美国 | 9.48 | 7.22 | 韩国 | 8.25 | 7.7 | 孟加拉国 | 8.86 | 19.57 |
| 孟加拉国 | 7.01 | 15.25 | 日本 | 7.6 | 5.01 | 巴基斯坦 | 7 | 9.88 |
| 德国 | 6.47 | 5.34 | 孟加拉国 | 7.27 | 16.07 | 韩国 | 6.67 | 6.2 |
| 合计 | 43.06 | 46.46 | 合计 | 42.59 | 47.65 | 合计 | 45.14 | 50.27 |

数据来源：根据海关数据（2017—2019）计算

表 6-18　山东省未列名海草及藻类产品制得的胶液及增稠剂主要出口国/地区贸易额与贸易量占比（%）

| 2017 年 | | | 2018 年 | | | 2019 年 | | |
|---|---|---|---|---|---|---|---|---|
| 国家/地区 | 贸易额占比 | 贸易量占比 | 国家/地区 | 贸易额占比 | 贸易量占比 | 国家/地区 | 贸易额占比 | 贸易量占比 |
| 美国 | 25.29 | 21.62 | 美国 | 13.92 | 12.68 | 印度 | 15.48 | 15.91 |
| 泰国 | 10.13 | 8.76 | 印度 | 13.77 | 14.34 | 美国 | 11.27 | 10.89 |
| 意大利 | 9.99 | 12.49 | 意大利 | 13.46 | 15.63 | 泰国 | 9.08 | 7.89 |
| 土耳其 | 8.34 | 8.09 | 泰国 | 9.91 | 8.08 | 土耳其 | 7.6 | 7.52 |
| 西班牙 | 7.58 | 6.99 | 西班牙 | 8.38 | 7.17 | 俄罗斯 | 7.49 | 7.33 |
| 合计 | 61.33 | 57.95 | 合计 | 59.44 | 57.9 | 合计 | 50.92 | 49.54 |

数据来源：根据海关数据（2017—2019）计算

进口方面，韩国和越南是山东省琼脂进口来源（表 6-19）。韩国、菲律宾是卡拉胶进口的主要来源（表 6-20）。未列名海草及藻类产品制得的胶液及增稠剂在 2017 年和 2019 年基本完全从台湾进口。褐藻胶只在 2019 年从西班牙发生进口。

表 6-19　山东省琼脂主要进口国/地区贸易额与贸易量占比（%）

| 2017年 | | | 2018年 | | | 2019年 | | |
|---|---|---|---|---|---|---|---|---|
| 国家/地区 | 贸易额占比 | 贸易量占比 | 国家/地区 | 贸易额占比 | 贸易量占比 | 国家/地区 | 贸易额占比 | 贸易量占比 |
| 韩国 | 85.07 | 80.98 | 韩国 | 66.21 | 65.37 | 韩国 | 71.84 | 63.09 |
| 越南 | 14.93 | 19.02 | 越南 | 33.79 | 34.63 | 越南 | 28.16 | 36.91 |
| 合计 | 100 | 100 | 合计 | 100 | 100 | 合计 | 100 | 100 |

数据来源：根据海关数据（2017—2019）计算

表 6-20　山东省卡拉胶主要进口国/地区贸易额与贸易量占比（%）

| 2017年 | | | 2018年 | | | 2019年 | | |
|---|---|---|---|---|---|---|---|---|
| 国家/地区 | 贸易额占比 | 贸易量占比 | 国家/地区 | 贸易额占比 | 贸易量占比 | 国家/地区 | 贸易额占比 | 贸易量占比 |
| 韩国 | 72.11 | 59.13 | 韩国 | 84.37 | 78.82 | 韩国 | 69.87 | 69.06 |
| 菲律宾 | 22.54 | 36.26 | 菲律宾 | 9.63 | 16.68 | 菲律宾 | 23.81 | 23.58 |
| 印度尼西亚 | 3.92 | 4.29 | 印度尼西亚 | 3.02 | 3.71 | 印度尼西亚 | 4.98 | 6.93 |
| 日本 | 1.43 | 0.32 | 日本 | 2.98 | 0.79 | 日本 | 1.34 | 0.43 |
| 合计 | 100 | 100 | 合计 | 100 | 100 | 合计 | 100 | 100 |

数据来源：根据海关数据（2017—2019）计算

# 第 7 章　山东省藻类产业经济典型分析

## 7.1　藻类养殖面积计量统计问题分析

长期以来，我国对藻类养殖面积的统计存在许多问题，虽然最后都统一为公顷，但各地的统计方法以及民间的算法不统一，造成统计数据失真。调研发现，山东省藻类养殖面积的统计在各个产区也有较大差异。

### 7.1.1　官方统计方法

（1）农业部规定的海水养殖面积计算方法（南春容，杨星星，余海，2015）

海水浮筏式养殖贝类和藻类，如海带、贻贝、扇贝等，按垂养方法，放养 150 米浮梗定位标准台，每一标准台计算为 1 亩养殖水面。但计算时要注意四个问题：一是浮梗的长度是唯一标准，不考虑浮梗上挂多少苗绳以及苗绳长短，只要浮梗长度达到 150 米，就计算为 1 亩；二是标准台是折算的，如果有其他长度，必须按标准长度折合为标准台；三是此标准是对垂养来说的，若采用平养，边排浮梗长度应折半计算。

（2）江苏省规定的海水养殖面积计算方法

江苏省制定的《渔业指标体系指标解释》中规定，海水养殖面积是指利用海上、滩涂、陆基进行鱼类、甲壳类、贝类、藻类等海水经济动植物的人工养殖的水面面积。

### 7.1.2　荣成统计方法

作为山东省藻类主产区，荣成的藻类养殖面积统计方法总体来说较为统一，具体方法如下。

荣成地区 4 行养殖筏架占地 1 养殖亩，浮梗长度 80~120 米，浮梗间距 5~8 米。每行筏架固定 100 根苗绳，每根苗绳长度约 2.5 米。每根苗绳夹苗约 35 株。相当于 1 养殖亩 1 000 米苗绳长，约 14 000 株海带苗。

### 7.1.3　长岛统计方法

长岛作为山东省藻类产量仅次于荣成的另一产区，各乡之间的统计方法也不尽相同（表 7-1）。

南隍城乡 4 行养殖筏架占地 1 养殖亩，浮梗长度 60~80 米，浮梗间距 6~8 米。每行筏架固定 50~60 根苗绳，每根苗绳长度 10 米。每根苗绳夹苗 80~90 株。相当于 1 养殖亩 1 500~1 800 米苗绳长，12 000~16 200 株海带苗。

小钦岛乡 1 行养殖筏架占地 1 养殖亩，浮梗长度约 85 米，浮梗间距 7~8 米。每行筏架固定 55~65 根苗绳，每根苗绳长度 10 米。每根苗绳夹苗 120~150 株。相当于 1 养殖亩 500~650 米苗绳长，6 000~9 750 株海带苗。

大钦岛乡 1 行养殖筏架占地 1 养殖亩，浮梗长度 80~90 米，浮梗间距 7~8 米。每行筏架固定 60 根苗绳，每根苗绳长度 8 米。每根苗绳夹苗 80~90 株。相当于 1 养殖亩 480 米苗绳长，4 800~5 400 株海带苗。

北隍城乡 4 行养殖筏架占地 1 养殖亩，浮梗长度 70 米，浮梗间距 7~10 米。每行筏架固定 50 根苗绳（由 200 绳 1 亩推算），每根苗绳长度 7~9 米。每根苗绳夹苗 120~150 株。相当于 1 养殖亩 1 400~1 800 米苗绳长，24 000~30 000 株海带苗。

表 7-1　长岛地区养殖“1 亩”相关参数

| 地区 | 筏架数 | 浮梗长度（米） | 浮梗间距（米） | 苗绳数量（根） | 每根苗绳长度（米） | 单绳夹苗（株） | 1 亩总苗绳长度（米） | 夹苗总数（株） |
|---|---|---|---|---|---|---|---|---|
| 南隍城乡 | 4 | 60~80 | 6~8 | 50~60 | 10 | 80~90 | 1 500~1 800 | 12 000~16 200 |
| 小钦岛乡 | 1 | 85 | 7~8 | 55~65 | 10 | 120~150 | 550~650 | 6 600~9 750 |
| 北隍城乡 | 4 | 70 | 7~10 | 200 | 7~9 | 120~150 | 1 400~1 800 | 24 000~30 000 |
| 大钦岛乡 | 1 | 80~90 | 7~10 | 60 | 8 | 80~90 | 480 | 4 800~5 400 |

## 7.1.4　典型统计方法对比

选取两种较为典型的养殖面积统计方法进行分析对比。

（1）荣成典型统计方法（图 7-1）

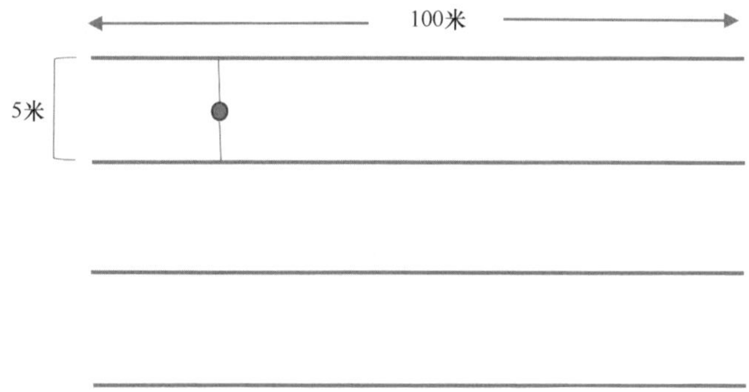


图 7-1　荣成藻类养殖典型布局

山东省荣成市典型统计方法为 4 个大绳为 1 亩，每条绳长 100 米，两绳间距 5 米，一条大绳挂 100 条小绳，绳长 2.5 米，一根绳挂 30 多个苗。总绳长 1 000 米。

山东省荣成市 1 亩养殖面积实际占水面面积 = 100 米×5 米×3 = 1 500 平方米 = 2.25 亩

山东省荣成市 1 亩养殖面积按浮梗长度计算面积 = 100 米×3/150 米 = 2 亩

山东省荣成市 1 亩养殖面积实际苗种数：18 000 余株。

（2）长岛典型统计方法（图 7-2）

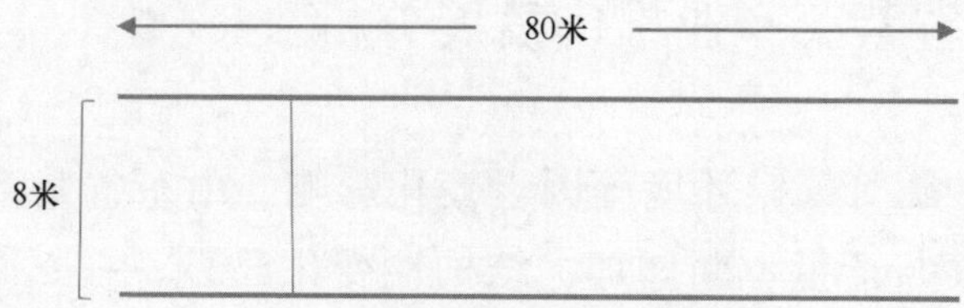


图 7-2　长岛藻类养殖典型布局

山东省长岛县典型统计方法为 1 个大绳为 1 亩，每条大绳长 80 米，两绳间距约 8 米，两大绳间平挂 60 条小绳，一根小绳挂 80~100 株苗。总绳长 480 米。

山东省长岛县 1 亩养殖面积实际占水面面积 = 80 米 × 8 米 = 640 平方米 = 0. 96 亩

山东省长岛县 1 亩养殖面积按浮梗长度计算面积 = 80 米/150 = 0. 53 亩

山东省长岛县 1 亩养殖面积实际苗种数：5 400 株。

### 7. 1. 5　小结

由上文分析可见，山东省各地藻类养殖面积统计方法差异较大，"1 亩" 养殖面积所代表的实际水面面积数、苗绳长度、苗种株数差别甚大，统计数据存在失真问题。建议对养殖面积的统计方法进行统一，具体有以下三种方法：

（1）统一按照农业部规定的海水养殖面积计算方法，即 150 米浮梗定位标准台，每一标准台计算为一亩养殖水面。

（2）不同的藻类品种按照实际制定不同的贴合养殖户实际的计量方法，以海带为例，可以苗绳作为计量单位，以 1 000 米（此数字待进一步研究）苗绳计为 1 亩。

（3）按照国家标准亩执行及按照实际占水面面积计算。但由于海面养殖较稀疏，具体界定需要进一步细化。

## 7.2 山东省紫菜产业推广发展分析

近年来，随着气候环境等因素变化影响，山东省紫菜产业发展较快，养殖规模与产量不断增加，结构性变化凸显。一方面，传统紫菜养殖区域——日照市的紫菜养殖逐渐萎缩，与此同时，威海市紫菜养殖迅速扩张，并取代日照市成为山东省的主要产区。

江苏省是我国紫菜产业大省，如何借鉴江苏省紫菜产业发展经验与教训，紧密结合山东省藻类产业发展现状，科学稳妥地推进紫菜产业在山东省的发展，是一项重要课题。

### 7.2.1 江苏省条斑紫菜产业发展现状

江苏省海岸线950千米，紫菜养殖主要分布在沿海连云港、盐城、南通三市，以连云港和南通为主。2019年，江苏省紫菜养殖面积41 095公顷，占全国紫菜养殖面积的19.4%。主要养殖品种为条斑紫菜，有少部分坛紫菜。江苏省条斑紫菜产量占全国的99%以上，形成了紫菜种质保存、良种培育、育苗、栽培、一次加工、二次加工、机械制造和批发市场配套完整的产业体系，紫菜一线就业人员10万人，整个产业已发展成熟，对山东省的紫菜产业下一步的发展有较好的借鉴意义。

#### 7.2.1.1 江苏省紫菜产业发展历程

（1）起步阶段（1973—1982年）。20世纪70年代，江苏省从青岛引进紫菜苗种，开始养殖紫菜。该阶段以育苗、半浮动式养殖为主，养殖面积小，产量低。

（2）发展提高阶段（1983—1989年）。以引进半自动、全自动的一次加工机械为标志，紫菜产业进一步发展提高。

（3）快速发展阶段（1990—2002年）。该阶段开始采用冷藏网技术，并开始进行紫菜的二次加工，进一步延伸产业链，江苏省紫菜产业进入快速发展时期。

（4）成熟阶段（2003 年至今）。2003 年，成立了江苏省紫菜行业协会，各紫菜生产企业组织起来，在行业管理、紫菜标准等方面统一起来，形成了成熟的产业运行机制。

#### 7.2.1.2　江苏省紫菜产业协会情况

江苏省紫菜产业协会成立于 2003 年 2 月 15 日，对江苏省紫菜产业发展发挥了极为重要的组织、协调、引导作用。设有理事会、常务理事会、秘书处等组织机构，制定了协会章程、会长办公会议制度、联席会议制度等各项管理运行制度，现有 400 个会员单位，其中江苏省的 350 余家。同时在连云港、赣榆、大丰、海安、如东、启东六地成立紫菜交易市场，基本所有条斑紫菜一次加工品的交易都在平台内进行。协会制定了完善的交易流程与各项制度规定，交易过程公平透明，有效保障了买卖双方权益。

#### 7.2.1.3　江苏省条斑紫菜养殖、加工现状

江苏省紫菜现有养殖面积约 50 万亩，养殖方式有三种：一是半浮动式养殖，分布在江苏省中南部海区，约占总产量的 60%；二是插杆式（自助式）养殖，约占总产量的 27%；三是全浮动式养殖，约占总产量的 13%，其中翻板式养殖属于全浮动式的延伸，现这一养殖方式正在发展壮大。在产量上，1 亩鲜菜产量最多能产 8 箱一次加工紫菜，近年产量低，只产 1 箱，往年平均水平约为一亩鲜菜产 2~3 箱一次加工紫菜（一箱 480 张，一张约 3 克，由约 30 克鲜紫菜产生）。

紫菜加工分为一次加工和二次加工。江苏省以一次加工产品为主。一次加工紫菜年交易额约 15 亿元。从事紫菜加工的企业大多数也覆盖育苗、养殖等，拥有较全面的产业链。全省现有一次加工机 634 台，其中国产机约占 30%，进口机约占 70%；每年生产 45 亿~50 亿张干紫菜，占全国产量的 99. 5%。二次加工全省有 53 家企业在做，共有 153 条生产线。

#### 7.2.1.4 江苏省紫菜销售、国际贸易情况

加工后的紫菜产品以出口为主，少量内销。出口 80 多个国家和地区，出口额 3.5 亿元。在国际上江苏省贸易总量占全球总贸易量的 60%以上。

在国际上，紫菜的生产在中、日、韩三国。由于日本生产的紫菜以本国内销为主，因此与中国紫菜出口竞争最为激烈的就是韩国。近年来，由于韩国紫菜的价格优势，抢占了许多国际市场，欧洲的紫菜进口基本全部来自韩国，原来由我国占领的东南亚市场也已被韩国抢占，俄罗斯也开始进口韩国紫菜，对我国紫菜出口冲击力很大。究其原因，韩国政府对韩国紫菜产业的扶持力度很大，使韩国紫菜价格比我国低。主要原因：一是在紫菜加工设备上政府给予扶持；二是紫菜出口方面按照出口创汇额比例奖励；三是政府层面上，在国际贸易中有许多优惠便利，如韩国对欧盟有自贸协定，因此出口有很大优势。

#### 7.2.1.5 江苏省紫菜产业发展瓶颈

紫菜产业是江苏省的传统优势产业，但近年来其发展面临一些问题。

（1）可使用海域受挤压，用海成本高。江苏省政府对沿海的开发重点在工业，轻渔业，造成规划上海域面积小；海域使用上由于“僧多粥少”，且紫菜养殖海域以承包、租赁方式为主，用海成本高。

（2）海域环境恶化。沿海的开发导致工业园区增多，“三废”排放增多，养殖海域环境质量下降。

（3）气候等原因使近年来灾年多、丰年少。江苏省紫菜产业的发展近年来频频受到气候、环境等因素影响，2021 年紫菜出现大面积病烂，2015 年遭受冰冻灾害，2017 年遭受马尾藻侵袭，紫菜产量不稳定，丰年较少。

### 7.2.2 山东省发展紫菜产业的优势与意义

紫菜是我国主要的经济海藻之一，是富含膳食纤维、矿物质、氨

基酸、高蛋白和低脂肪的营养保健型海洋食品，深受消费者喜爱。我国与日本、韩国是世界紫菜的主产国，三国紫菜产量之和占全球总产量的 96%以上，三国紫菜的国际贸易量占全球的 98%以上，具有广阔的贸易空间与发展前景。我国紫菜养殖始于 20 世纪 50 年代初，主要养殖品种有条斑紫菜与坛紫菜两种，条斑紫菜主产区为江苏地区，坛紫菜主产区为福建省、浙江省和广东省。2019 年，全国紫菜产量 212 304 吨，其中以福建、江苏、浙江三省产量最多，山东省 2019 年紫菜产量 17 785 吨，占全国紫菜产量的 8. 4%。

（1）自然环境的变化使山东省具备养殖紫菜的先天条件

紫菜养殖一直没有在山东省大面积发展主要是由于紫菜养殖对环境特别是水温有较高要求，而山东省水域温度偏低，一直以来，不适宜紫菜的养殖。而近年以来，随着全球变暖等气候环境变化，紫菜产业已越来越凸显出“南菜北移”的特点，在条斑紫菜主产地江苏南通市，2012 年之后受海水温度持续偏高等海况和气候的影响，致使发生烂菜现象，发生面积达到 70%左右，形成绝收面积超过 30%（李博，2015）。山东省藻类产业以海带为主，占藻类产品总产量的 80%，养殖品种单一，藻类产业结构不合理，而现在紫菜“南菜北移”的发展趋势明显，南方紫菜企业也有来北方养殖的强烈意愿。

（2）发展紫菜产业对山东省藻类产业结构调整有重要意义

一直以来，山东省藻类产业中海带产业一头独大，产业结构较为单一，大力发展将扭转这一现象，丰富山东省藻类品种数量、优化藻类产业结构。

（3）发展紫菜产业可以规避山东省新旧动能转换带来的藻类产业发展限制

在新旧动能转换的大形势下，传统海带养殖受到晾晒场地、煤炭为主要能源来源等环保方面的限制，而紫菜的养殖由于其自身的特点可以在一定程度上规避这些发展限制。

（4）发展紫菜产业可以解决劳动力不足的问题

山东省传统海带产业的劳动力不足和老龄化问题越来越突出，已经成为制约其生产过程和增加收益的主要因素，很多海带养殖企业为在海带收割季节有充足劳动力，付出了不对等的人工费用，人工成本压力较大，利润空间受到挤压。而紫菜的养殖特点使其不需要那么多劳动力。

（5）紫菜产业经济价值与收益较高，对渔民增收具有重要意义

紫菜的经济价值与交易价格在藻类所有品种中较高，有广阔的市场前景，特别是在国际贸易市场上有较大的发展潜力，利润空间较高，对渔民等产业主体增收有重要意义。

### 7.2.3 山东省发展紫菜产业的制约与问题

（1）发展紫菜产业受淡水供给制约

紫菜加工需要淡水量较大，而山东省沿海各市淡水资源普遍吃紧。紫菜收成后需在24小时内加工完毕，养殖规模扩大后必须就近配合配置加工厂。而加工一吨鲜紫菜就需要淡水量30吨左右。而山东省沿海地域河流湖泊较少，淡水资源紧缺，很难支撑如此大量的用水需求。

（2）紫菜养殖可能对当地传统养殖品种形成冲击

山东省沿海区域现已基本形成了各自的传统优势品种，养殖面积较大，如荣成的海带、乳山的牡蛎、莱州的扇贝等，紫菜养殖规模的扩张对传统养殖品种是否有负面影响还没有专门的研究与定论，需谨慎对待。

（3）紫菜养殖对海域生态环境有负面影响

与山东省传统藻类品种不同，紫菜养殖过程中杂藻较多，而最终产品的生产要求在养殖过程中就对杂藻进行控制，会应用盐酸或柠檬酸溶液浸泡网帘，养殖紫菜用的插杆和泡沫老化丢弃后也会对海域生态环境造成污染。

（4）紫菜市场波动大，收益不稳定

一是紫菜养殖易受病害、天气等影响，产量不稳定。二是紫菜市场价格波动较大，容易在价格高涨时一哄而上盲目扩张导致产能过剩，形成恶性竞争。

### 7.2.4　山东省条斑紫菜产业发展建议

（1）成立专门工作小组，筛选出山东省适宜养殖海区。组织专家、学者，筛选出影响条斑紫菜生长的主要环境因素，对紫菜不同阶段需要的底质、海水温度、光照、营养盐、海流等不同的生长发育条件进行分析筛选，汇总山东省近岸水域环境数据进行分析比对，选划出条斑紫菜适养区域。

（2）部分试点与区域推广相结合。结合有意愿养殖的企业，试养条斑紫菜，并在养殖过程中总结、探讨适合山东省海区等实际情况的养殖方式与方法；同时，密切监测养殖区周围海域的环境状况，以及养殖区附近海域其他养殖品种的生长状况，评估其影响。小范围试养成功并评估结果没有问题后，由当地政府推动进行区域推广养殖，可以出台相关优惠政策，以利于工作的开展。

（3）扶持条斑紫菜育苗企业。紫菜苗种供给充足是产业推广发展的关键，若只发展养殖，而忽视相应育苗产业的发展，会导致山东省紫菜苗种依赖江苏省，产业发展将受制于人，收益降低。因此，要重点扶持紫菜育苗企业的发展壮大，保障苗种供应充足。

（4）建立山东省紫菜行业协会。一个产业要想实现健康有序地发展，行业协会的作用至关重要。可以借鉴江苏省紫菜行业协会的先进经验，将紫菜相关从业者组织起来，发挥其纽带作用，促进行业内各主体间的合作共赢。

（5）政府加大宏观调控与政策扶持。政府要加大健康育苗、养殖技术研究与推广方面的投入，加快技术研究成果的转化速度，制定相关质量标准，推进紫菜养殖的标准化建设，定期组织专业人员对养殖户进行技术培训与指导等。此外，政府应扶持能够有效参与市场竞争的市场主体，为其扩大生产规模和数量，创造良好的政策环境，使其更好地发挥带动引领作用。同时引导相关产业主体参与国际贸易、提供国际市场信息。

# 7.3 鲁闽藻类产业对比分析

山东省与福建省是我国两大最主要的藻类养殖基地，2018 年，两省藻类产量占全国总产量的 3/4。本节对两省藻类产业发展状况进行对比分析，探究福建省藻类产业发展的经验。

## 7.3.1 总体概况对比

在藻类产量上，以 2008 年为分界点，2008 年之前山东省藻类养殖产量高于福建省，2009 年福建省藻类养殖产量首次超过山东省并在之后的年份逐渐扩大差距（图 7-3）。

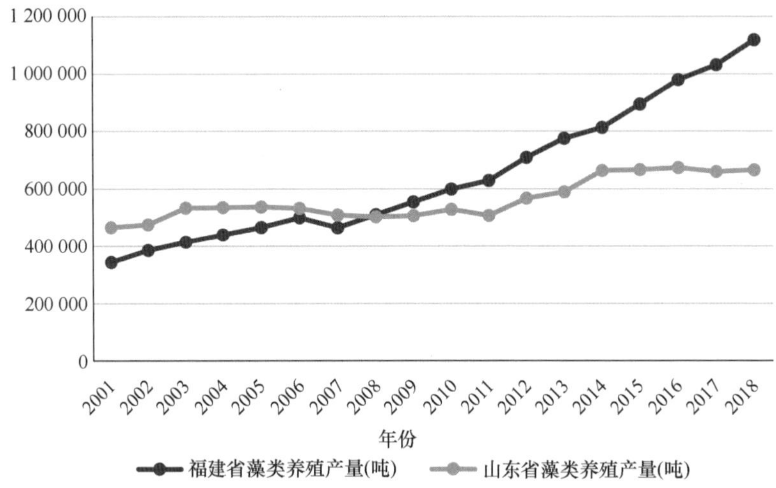


图 7-3　鲁闽藻类养殖产量

数据来源：中国渔业统计年鉴（2002—2019）

在藻类养殖面积上，福建省养殖面积在 2001—2018 年一直高于山东省。总体来说，福建省藻类养殖面积增长较快，而山东省养殖面积变动较小。2018 年，山东省与福建省养殖面积分别比 2001 年增加了 79%与 140%（图 7-4）。

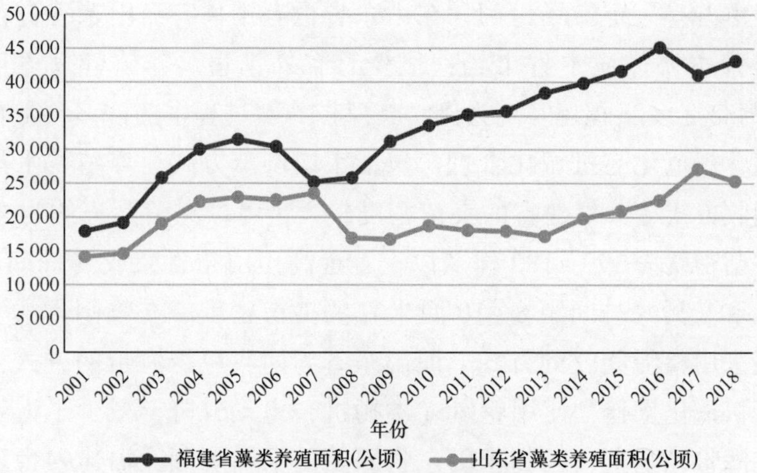


图 7-4　鲁闽藻类养殖面积

数据来源：中国渔业统计年鉴（2002—2019）

在藻类养殖种类分布上，两省海藻品种相近，且都呈现出海带产量一头独大的结构，2018 年，山东省与福建省海带养殖产量分别占藻类总产量的 76.2%和 68.7%。福建省其他较重要的藻类品种还有紫菜和江蓠，2018 年紫菜和江蓠养殖产量分别占藻类总产量的 6.7%和 19.7%。

### 7.3.2　产业发展差异

福建省藻类养殖技术主要来源于山东省，但在长期养殖实践中，基于技术创新和区域特色，形成了福建省藻类产业发展特点。两省藻类产业发展差异主要体现在以下几点。

（1）生产工艺。以两省最为主要的藻类品种海带为例，由于气候等原因，两省在海带幼苗培育、暂养与分苗、养殖管理、海带收割等各个环节都有所差异。育苗方面，福建省从 1988 年开始使用维尼龙绳苗帘，有效节约了成本，每个苗帘成本 10~18 元，而山东省还在使用传统的红棕绳，每个苗帘成本约 40 元，这就导致山东省苗种企业成本较高，相应苗种价格也高于福建省。且福建省海带苗种由于品种晚熟，在大连市占有一定市场份额，在山东省也有销售，而山东省育苗企业生产苗种主要供应本省市场，很少有省外销售。养殖管理方面，以“中国海带之乡”福建官坞为例，其海带养殖过程中的许多环节都趋于精细化、规范化与机械化管理，包括水层调节方式、养殖技术规范及海带间收方式等，福建省的夹苗密度较大，单株夹苗距离约为3 厘米，整绳夹苗密度为 170~180 株及以上，远高于山东省荣成（株间距约 7 厘米）和长岛（株间距 8~10 厘米）的夹苗密度。在收割方式上，福建省是采用整绳间收的方式，而山东省为间收单棵海带的方式，且福建省为机械化操作，使用轮滑（卷扬机）电动升降，减少了人工的使用。在海带晾晒上，区别于山东省原始的平铺晾晒，福建省为陆基悬空晾晒，节省人力而且还保证品质。

（2）产业主体。山东省藻类产业主体以公司为主，养殖规模较大，许多大型藻类企业实行育苗、养殖、加工一体化发展。福建省主要以渔民家庭为主，养殖面积较小一般在几亩到几十亩，养殖与加工分离，加工储存能力较弱。在产业主体方面，山东省更具有规模优势。

（3）销售方式。山东省藻类企业生产规模大，加工能力强，销售渠道较稳定，企业注重产品大宗交易，福建省藻类企业规模较小，加工、存储能力较低，因而企业注重资金流转和市场销售，企业开拓市场意识较强，藻类食用产品创新开发较为突出，市场变化反应灵敏。

（4）市场群体。山东省藻类主要为食用和化工用，养殖藻类生长期长、品质好、营养高，出口韩国、日本。福建省藻类消费除了食用外，还包括作为海参、鲍鱼饵料，占其产量的30%。

（5）创新意识。山东省藻类价格较好，企业生产稳定，在转型升级和种质创新，特别是在产业共性问题方面改革创新意识不强，福建省企业对科研创新包容性较好，企业主动找专家，注重解决产业发展问题。

### 7.3.3 福建省比较优势

（1）产业创新层面。一是注重种质创新，福建省财政每年设立

5 000万元种业专项资金，现已对海带和紫菜两大品种实施了种业创新与产业化工程。二是注重市场创新，福建省藻类销售实现从产品到商品再到精品的转变，从卖原料、卖饲料，到进商场、进超市、进酒店、进网站和进旅游区。三是注重文化创新，藻类养殖已融入休闲度假旅游、海洋旅游、乡村旅游等各类旅游产业，有效拓宽产业链条。

（2）产业组织层面。一是注重多元化合作，部分藻类养殖区建立了“村党委+公司+农户+科研+基地”的海带专业合作社模式。二是注重环境认证，福建霞浦县 433.3 公顷养殖海区通过有机产品产地认证，霞浦海带产区已被列入第六批全国农业标准化示范项目区。三是注重挖掘文化，依托福建渔博会举办海带节，进行海带育苗、养殖到加工全产业链展示，并设置海带结等产品自制环节，引导市民认识海带、消费海带。

（3）生产销售层面。福建省与黄海水产研究所、中国海洋大学等教学科研单位合作，选育出多个藻类养殖新品种，优势特征显著。福建省采用船载卷扬机电动收割和悬空晾晒的方式，节省了大量人力、物力，而且还提高了淡干菜的品质。福建省藻类养殖、加工企业开拓市场的意识很强，仅霞浦县就有 5 000 多名藻类产品营销人员在浙江、江苏等 20 多个省市设有销售网点。

### 7.3.4　山东省发展借鉴

（1）实施种业科技创新工程。山东省在 2005 年启动良种工程项目支持藻类种质创新，2010 年良种工程项目改革，重点支持产值在 100 亿元大宗品种，藻类当年产值 30 亿元，不在持续稳定支持范围之内。近年来，随着藻类产业的发展，其在食用、化工、生物医药、生态等领域的价值日益显现。但迄今为止，藻类良种数量少，不能满足多元化养殖和拓展养殖空间的需要，传统养殖水域空间萎缩及生产力不断下降等问题严重制约产业发展。因此，建议以实施《山东种业科技创新发展纲要》为契机，实施藻类种业科技创新工程，在工业化、食用化和生态化 3 个领域开展良种选育。

（2）实现生产观念与方式创新。转变传统的生产观念与老旧的生产方式，实现创新发展。主要体现在育苗附着基材料的创新与收割、晾晒机械化方面。具体做法上，一是以科研院所与高校为基点，结合山东省实际情况，进行生产创新实验，研发具体设备与技术；二是科研团队与企业、有意向的养殖户等深入结合，开展创新生产方式的规模化试点；三是以政府为主体，开展技术培训与指导，成片推进创新生产技术的实现，以节约人工等生产成本，增加收益。

（3）提高藻类产业组织化程度。山东省藻类产业现存的有些生产成本高、市场不稳定等问题，都与产业凝聚力低、组织化程度差有关。应借鉴福建省的经验，搭建藻类品种育、繁、养、加、销公共服务平台，成立一个有力的藻类产业组织，将藻类产业各环节从业者联合起来，降低生产成本、稳定市场价格、向上争取政策扶持、对外扩大出口贸易。

（4）完善藻类产业公共服务。建设山东藻类“大数据”库，为产业发展提供持续信息支撑。探索建立专卖直营、企超对接、电子商务等多种营销模式，引进乌江榨菜等国内著名生产企业，以原料直供、合作研发等方式拓宽产品销售渠道。与中国水产流通与加工协会合作建立藻类分会，发挥骨干企业的作用，提高产业组织化程度，紧密衔接生产、流通、加工、出口、内销等环节，结合区域旅游推介，做好行业品牌宣传，叫响山东藻类品牌。试点运作藻类养殖保险，开发出适宜的金融服务产品，支持企业做大做强。

（5）加大政策和资金支持，加强技术交流与合作。政府和主管部门针对藻类产业发展特点，制定产业发展扶持政策。积极推进藻类市场流通，延长产业链，重视交易市场的建设和完善以及交易规则的制定和执行。在藻类新品种、养殖模式革新、新型藻类食品和新型加工设备研发等方面予以资金支持。鼓励相关科研机构系统研究藻类活性物质提取、分离，鼓励科研机构和企业共同开展藻类养殖技术及模式革新、新型加工设备和加工工艺研发。以“请进来”和“走出去”两条腿走路，积极与藻类产业发达地区、国家的养殖和加工企业、科研机构等建立学术合作关系，吸纳引进先进技术和工艺。

## 7.4　山东省藻类产业链特征分析

产业链是指某一行业中从最初原材料生产到初步加工、精加工、最终产品生产直至最终产品到达消费者手中为止的整个过程（都晓岩等，2006）。山东省藻类产业链虽然已经具备完整的环节构成，但总体上还处于初级阶段，属于低级产业链（图 7-5）。

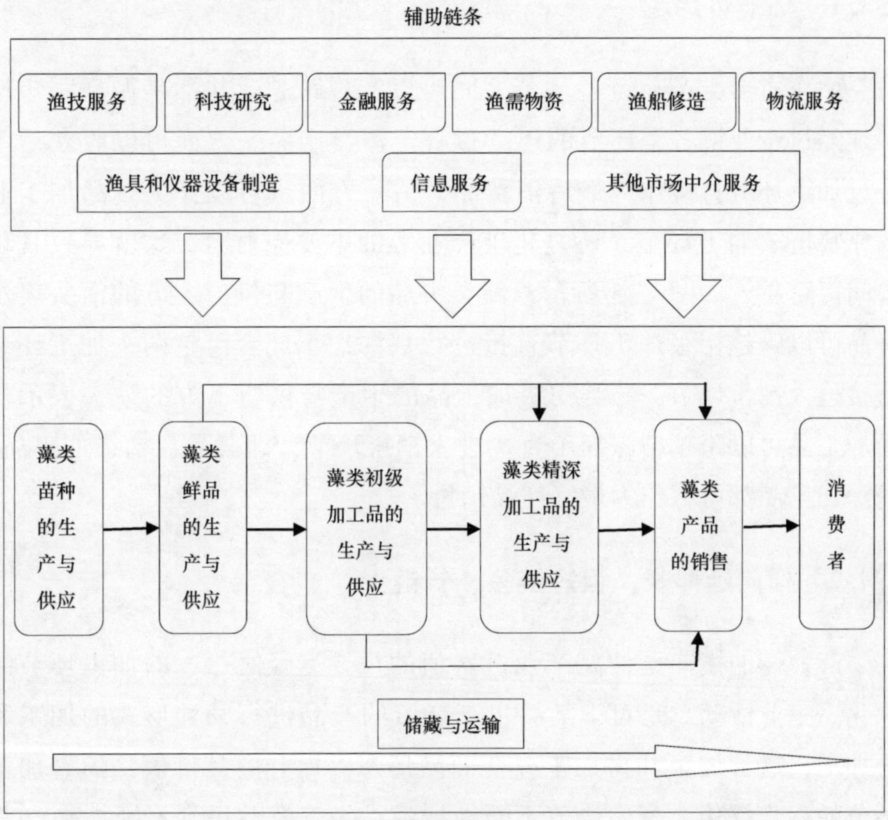


图 7-5　山东省藻类产业链构成

一条完整的渔业产业链的各环节应该可以区分为基本环节和辅助环节两类，这两类环节分别构成了渔业产业链的主、辅两条链（都晓岩等，2006）。藻类产业链也包含主体链条与辅助链条两大链条（图7-5）。主体产业链主要包括藻类苗种的生产与供应、藻类鲜品的生产与供应、藻类初级加工品的生产与供应、藻类精深加工品的生产与供应、藻类产品的销售以及藻类产品的储藏、运输等环节。辅助产业链主要包括渔技服务、科技研究、金融服务、物流服务、信息服务等，它们是为主体链条提供支撑的环节，这些环节之间不存在直接联系。储藏与运输环节贯穿于整个链条始终。

### 7.4.1 环节可跨越

山东省藻类产业链各环节之间可以实现跨越，并不是循规蹈矩地必须经过产业链各个环节的连续过程。藻类产品一方面可以收获后不经过加工环节直接作为最后消费品，另一方面也可以作为食品加工业的原料进入加工环节，还是化工产业等的重要原材料，这就导致其环节间可跨越。如图7-5所示，藻类鲜品的生产与供应上方的箭头表示鲜品可以跨越初级加工环节直接进行精深加工或者跨越两个加工环节直接进入销售环节，藻类初级加工品的生产与供应下方的箭头表示初级加工品可以跨越精深加工直接进入销售环节，即鲜品、初级加工品、精深加工品都可以作为最终产品销售。

### 7.4.2 横向延伸长，但短链多、长链少

产业链的横向延伸是产业链增值的重要途径之一，即加工环节的深化。工业活动总是对于某一生产环节的产品进行某种形式的加工和再加工，这种加工和再加工改变商品形态，提升商品价值，随着加工环节的逐步深化，商品价值不断地增值，经济效益得到不断提高（都晓岩等，2006）。从藻类多种加工环节来看，有的是从最初的生鲜藻类到初级加工再到精深加工的环环相扣的链条，有的也可以直接利用生鲜藻类原材料进行精深加工，随着加工和再加工的不断深化，产业链不断扩展延伸，实现的增值也不断扩大。

藻类产业链是渔业产业链中横向延伸最长的产业链，这一特点主要在于藻类化工产品的生产，众多其他产业精深加工品的生产都以藻类化工品为原材料。山东省藻类化工产业较发达，但从来源看，藻类原材料主要以进口为主，省内藻类产品由于价格较高、藻胶含量低于其他进口藻类等原因投入化工生产的比例较小。省内藻类还是以初级加工为主，如山东省海带主产区荣成的海带加工产品中初级加工产品占到约 70%，加工延伸较短，因此短链占比例较大。因此，山东省藻类产业链虽然横向延伸很长，但总体来说还是以短链为主，长链相对较少（图 7-6）。近年来，对藻类加工的科技研究特别是龙头企业的研发投入与力度不断加强，藻类加工所带来的价值增值也不断凸显。

图 7-6　藻类产业链横向延伸与纵向扩展加工品示意

### 7.4.3　纵向扩展程度高

山东省藻类产业链纵向扩展程度较高。赵绪福等对农业产业链的增值研究指出农业产业链的宽度是指某种农产品（包括其副产品）的用途多少，反映的是农产品综合利用的广泛程度。同样，藻类产业链的纵向扩展程度由藻类用途的广泛性决定。

藻类中含有碘、钾盐、钙以及铜、铁、锌、锰等多种微量元素，维生素、膳食纤维、甘露醇、藻胶、多糖等（图 7-7）。其用途非常广泛，主要是食用和藻酸工业生产原料，另外还是农用肥料、多种生物医药制品的原料之一。山东省藻类产业链的纵向扩展主要为食用，其次为工业用途，还包括农用与生物医用等。但近年来，由于工业用途的藻类成本较其他可替代性藻类偏高，因此除了必须以藻类为原料的工业生产，大多为降低成本而选择其他替代性藻类，工业用途的藻类数量减少。农业用途的生产（海藻肥）也占一定比例，但由于农业生产本就是风险较高的低收益行业，以藻类为原料的海藻肥虽然成效好，但成本高，且该行业市场不规范、行业标准等不完善，造成“劣币驱逐良币”，因此，产品未能大面积推广。与此同时，随着经济生活水平的提高，海带功能食品、生物医药、医疗保健方面的功能越来越受到重视，成为科研投入较高、发展较快的产业链条。

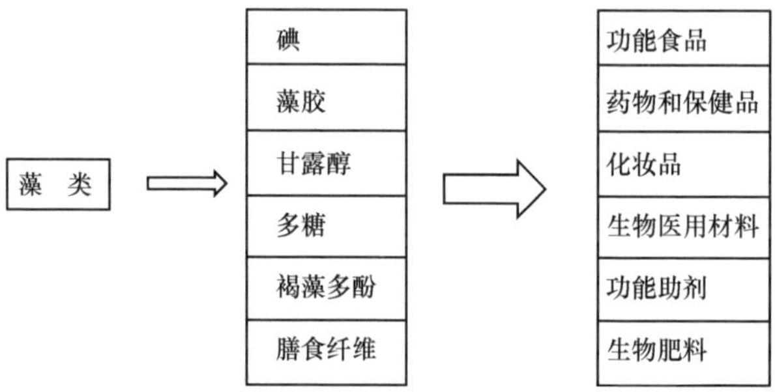


图 7-7　藻类提取物及高值化利用示意

### 7.4.4　稳定性差，连接松散

山东省藻类产业链稳定性较差，各主体相互间连接松散，大多为一般的市场交易关系，极少有长期稳定的战略联盟关系。各主体间没有形成稳定的竞争定价机制、利益调节机制和沟通信任机制，各自为政，导致恶性竞争、相互压价等行为，造成市场上藻类产品质量参差不齐、藻类生产主体效益较低。

### 7.4.5 学习创新性差

产业链具有学习功能，并通过学习，实现产业链内部各企业之间的知识共享和文化传播，提高产业链的整体运作效率和效益以及整体创新能力。产业链在运动过程中，不断从自身和别人的经验中学习，提高产业链联盟持续的竞争优势和创新能力，这也是保证产业链稳定运转并不断发展壮大的重要因素（刘贵富，2006）。

山东省藻类产业链学习创新性差。一是产业链上各生产主体自身学习创新意识较弱，大多数仍一味地追求高产量，提高产量的方式也以加大夹苗密度、扩大生产规模等为主，缺乏提高产品质量、提高生产效率的考量；二是缺乏学习创新的行动力，如海带育苗环节苗种附着基的红棕绳成本较福建省使用的维尼龙绳高 2 倍，在各苗种生产企业对维尼龙绳的利好都知晓的情况下，却出于各种其他考虑仍在使用成本持续走高的红棕绳；三是缺少产业链内部各生产主体间的知识传播共享机制，一方面各主体竞争意识强于合作意识，不愿意共享先进的技术、经验、方式方法等，另一方面各主体各自为政，缺乏传播的路径渠道。

### 7.4.6 缺少链主

链主是在链内居支配地位的龙头企业，它往往为链内其他企业提供信息服务、履行着链内管理者的职能，由此链主也在链内获得超额利润（刘贵富，2006）。

山东省藻类产业链缺少链主，即没有凝聚产业链上下游的龙头企业。山东省藻类产业链上存在一些规模较大的龙头企业，如东方海洋、海之宝、海科、世代海洋、明月集团等，但由于各种原因，其产业链凝聚作用很弱。一是有些企业自身垂直一体化程度较高，如海科涵盖了藻类育苗、养殖与加工，世代海洋涵盖了藻类养殖与深加工，自身独立性较强，没有联系其他链上主体的刚性需求或需求较少。二是藻类相关的生产只是企业业务的一部分，如东方海洋公司的藻类苗种生产虽然在山东省藻类育苗行业中规模较大，但这只占公司业务的小部分；明月集团以藻类为原料的精深加工产品规模较大，但也只占公司总业务的一部分，大多数原料来自其他进口藻类。在此类龙头企业中藻类相关产品占比不高，因此该类企业联系其他链上主体的需求较少。

### 7.4.7 产业集群凸显

美国学者麦克尔·波特认为产业集群是指在某一特定领域，大量产业联系密切的企业和相关支撑机构在空间上进行集聚，并形成了强劲、持续竞争的现象。经合组织（OECD）认为农业产业集群指一组在地理上相互邻近的以生产和加工农产品为对象的企业和互补机构，在农业生产基地周围，由于共性或互补性联系在一起形成的有机整体。结合国内外研究经验，藻类产业集群指在藻类生产具有比较优势的地区，围绕藻类育苗、养殖、加工等主要生产活动，密切联系相关的服务商、供应商和专门机构，在地域和空间上形成的具有专业化分工、高度集聚度的有机整体。

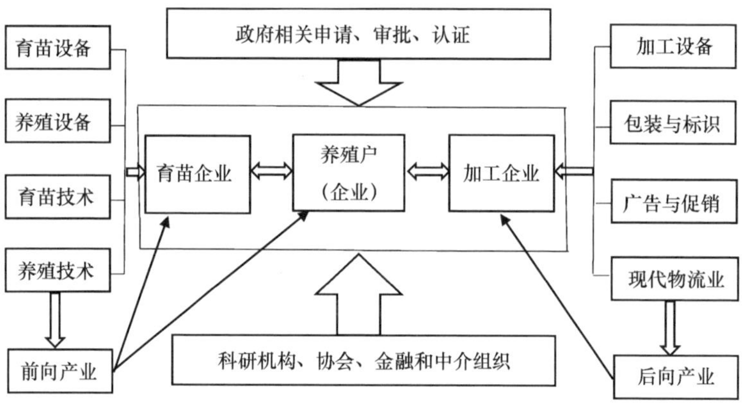


图 7-8　山东省藻类产业集群主体构成

山东省藻类产业链已形成产业集群。如图 7-8 所示，育苗企业、养殖户（企业）和加工企业是产业集群的中枢；渔技设备、技术和信息服务等是产业的前向联系产业；藻类加工设备、宣传和流通等是产业的后向联系产业；政府、科研机构、协会、金融和中介组织等是与产业发展相关联的支持性机构。

从宏观产业角度来看，藻类育苗、养殖、加工等产业链条完整又环环相扣。育苗产业分布在荣成市和烟台市，养殖产业分布在荣成市和长岛县、日照市等，加工产业分布在荣成市、烟台市、青岛市、日照市等。其中荣成市的集群特性凸显，汇聚了山东省藻类产业的绝大多数生产，又是藻类育苗、养殖、初级加工、食品加工的主要集聚地。烟台市具有部分海带育苗、养殖和加工。青岛市和日照市是海带化工产业的集聚地。总体上形成了以荣成市、烟台市为主的海带育苗、养殖、食品加工产业集群，以青岛市、日照市为主的海带化工产业集群的格局。

山东省藻类产业集群的形成，一是有助于降低上下游企业搜索原料的成本和交易费用；二是产业链上分工的细化有助于发挥企业各自的比较优势，提高协作效率；三是产业集聚使得各主体能够更稳定、更有效率地得到配套的产品和服务；四是集聚形成的企业集群有助于提高谈判能力，能以较低的代价从政府及其他公共机构处获得公共物品或服务；五是产业集群的形成可以对相关海带方面的人才产生磁场效应。

### 7.4.8　纵向协作模式紧密又松散

纵向协作（Vertical Coordination）是基于产品数量、质量与产品交付及时性的考虑，在某类产品生产与销售相继阶段中的协调与合作的行为或活动。纵向协作形式指纵向协作的具体方法与表现形式，包括纯粹市场交易、口头协议、书面合同与纵向一体化等。在纵向协作关系内，被核心主体联合与控制的因素主要有价格、数量、质量、时间和违约情况处理等（乔娟，宁攸凉，2013）。徐家鹏将农业产业链中常见的纵向协作模式按双方协作关系的紧密程度从低到高分为市场交易、销售合同、农民专业合作社、生产合同、准纵向一体化和纵向一体化等模式。加强产业链各主体的纵向协作水平可以有效减少机会主义行为、降低交易成本、保证产品渠道与质量、提高生产绩效、克服市场失灵等。但也有研究认为，紧密的纵向协作会损害力量较薄弱主体的利益，对经营绩效产生一定的负面影响。

山东省藻类产业链的纵向协作指在藻类苗种、生鲜藻类、藻类初级加工品、藻类精深加工品的生产与销售阶段中，对产品数量、质量与交付等的协调合作行为。具体的交易模式有市场交易、口头协议、销售合同、专业合作社、生产合同与纵向一体化等。在藻类苗种的生产与销售阶段，市场交易与口头协议占绝大部分；在藻类鲜品的生产与销售阶段，以市场交易为主，且纵向一体化占比较高，少数专业合作社模式；在藻类初级加工品的生产与销售阶段，以市场交易、销售合同为主，少数纵向一体化、口头协议、生产合同模式；藻类精深加工品的生产与销售阶段则以销售合同、生产合同等为主。

总体来说，一方面藻类产业链纵向一体化程度较高，主体的垂直一体化生产较为普遍，一个生产主体多从事两个及两个以上的环节生产；另一方面藻类产业链各主体间的纵向协作极为松散，交易成本较高，存在机会主义行为。

### 7.4.9 与多种其他产业融合，但融合度较低

与其他产业的融合度高低是一个产业链发展程度的重要特征，也是实现产业链增值的关键。山东省藻类产业链现与化工产业、农业、生物医药业、休闲渔业等多种产业有一定的融合，但除化工产业外，与其他产业的融合度较低，融合不够深入，还未发挥出最大的潜力。特别是与第三产业的融合较少，在全社会提高第三产业占比的大形势下，努力提高藻类产业与第三产业的融合度是藻类产业链发展的重要一环。

# 第8章　山东省藻类产业提质增效发展战略

## 8.1　山东省藻类产业提质增效的内容

山东省藻类产业提质增效的内容主要包括以下几个方面。

一是山东省藻类产业升级优化。藻类产业升级优化是指产业链育苗、养殖、加工、销售的各环节向高技术化、高知识化、高资本密集化、高附加值化的转化，在此过程中，产业链各链环的知识水平、科学技术层次、资本密集程度和附加值水平不断提高，其中科学技术层次的升级优化最为重要，而起到关键作用的是科技自主创新能力的提高。

二是山东省藻类产业组织优化。藻类产业组织优化是指产业链上各经营主体集中度的提高，形成一个利益共同体。主要包括产业链上微观主体——企业结构的优化，以及各微观主体联合形成的中观、宏观组织的形成及结构的优化。

三是山东省藻类产业整合优化。藻类产业整合优化是指在育苗、养殖、加工、销售各节点经营主体实现沟通与合作的基础上，进一步合理配置生产要素，协调各环节的比例关系，使生产要素随着产业链充分流动，价值层层提升，各环节之间形成环环相扣的格局，从而产生协同聚合效应。另外，藻类产业整合优化还包括海带产业与其他相关产业的整合优化，使以第一产业为主的藻类产业与流通业、生态旅游业等二、三产业结合起来，实现跨行业整合，进一步实现价值增值。

## 8.2 山东省藻类产业升级优化实现路径分析

山东省藻类产业升级优化主要包括藻类育苗、养殖、加工三个方面的内容。在藻类育苗方面，优化目标为提高藻类苗种单产与质量、提升育苗科技管理水平、减少生产成本等；在海带养殖方面，优化目标为提高藻类单产与质量、规范提高养殖技术管理、提高机械化水平等；在藻类加工方面，优化目标为提高生产效率、提升食品安全水平、开发生产适销对路藻类产品等。

### 8.2.1 山东省藻类育苗产业升级优化建议

一是勇于突破传统束缚，敢于创新。以海带为例，回顾南方海带苗种产业发展的历史不难发现，南方海带苗种业起步晚于北方。然而，多年来北方海带苗种业无论是培育技术、苗种定向选育、新市场的拓展都远远落后于南方。以附着基为例，南方早在20世纪90年代就已经开始用维尼龙绳替代了红棕绳，不仅简化了苗绳加工工艺，而且显著降低了生产成本，且不再受红棕绳原材料市场的影响。然而多年来，用维尼龙绳替代红棕绳却一直未在北方苗种生产企业全面推广。深究起因，与南北方企业勇于创新敢于创新的差异有很大关系。北方育苗企业在生产管理方式上往往是由技术负责人全面负责苗种生产，且该名技术负责人的薪酬与生产效益全面挂钩。无论是更新附着基，还是改进养殖设施，在实验过程中都存在着潜在风险。这也意味着技术负责人的年终收入存在缩水的可能性。在企业访谈过程中不难发现，许多企业技术人员早就认识到附着基更新和养殖设施改进的必要性，但是很少有人愿意在生产中推广使用。一个产业的发展，必然要依靠产业技术的进步，而先进技术的推广应用归根结底取决于人的意识形态。因此，山东省藻类苗种业在解决技术问题之前，首先要解放企业技术负责人的思想束缚，使其在生产中勇于探索创新。

二是开展苗种定向选育，开拓省外市场。还是以海带为例，山东省海带苗品系很杂，针对性不强。福建省在海带品种选择上根据南北方养殖环境的差异，定向选育了早、中、晚熟三个品种，育苗针对性很强。在北方苗种市场供大于求的情况下，每年依然能往北方销售5万帘左右。

三是发展订单式生产。山东省藻类苗种价格波动较大，既损害了育苗企业和养殖企业的经济利益，增加了生产风险，同时通过产业链将这种不稳定性从产业源头向末端传递。订单农业在我国起步较晚但发展迅速。所谓订单农业，也称为合同农业或契约农业，是指农户在农业生产经营过程中与企业或中介组织签订具有法律效力的产销合同，由此来确定双方的权利和义务关系。农户根据合同组织生产，企业或中介组织按合同收购农户生产的产品的农业经营模式。发展订单农业的实质是摒弃传统的农业生产模式，用工商业的思维来发展农业。在藻类苗种生产中，可尝试引入订单式生产，这种方式规范了买卖双方的权利和义务，事先约定了供求双方的均衡价格，在很大程度上可以避免藻类苗种短期交易过程中剧烈的价格波动以及供求双方供需量的失衡。

### 8.2.2　山东省藻类养殖产业升级优化建议

一是推进养殖新技术、新标准的完善与普及。山东省藻类养殖的生产过程已趋于固化，且养殖管理多依赖于经验，在“重产量轻质量”的观念下存在夹苗密度较大等不科学的管理方式，要突破这一现状，就要对藻类养殖的各个环节技术管理进行规范化，并结合不同海区的实际情况进行分类制定与推广，保证藻类科学养殖。

二是提高藻类养殖机械化程度，减少人工使用。针对劳动力短缺与老龄化问题，研究适合山东省实际的藻类养殖机械设备，提高生产效率，减小生产成本。

### 8.2.3　山东省藻类加工产业升级优化建议

一是开发新设备，研究新工艺。针对环保问题对藻类初级加工生产过程的制约，可以通过新设备、新工艺的发明来缓解或解决。如农田用地限制对藻类产品晾晒的制约问题，可以通过发明新的不占空间的晾晒设备来解决；生产过程中的废水排放问题也可以通过改进生产工艺来缓解。在漂烫的设备上，一方面要改进能源供给，现在普遍的做法是煤改燃气；另一方面是在废水的处理上，政府的配套的污水处理厂可以接收，也需要进一步研究废水处理的有效化学、物理方法。

二是积极使用探索科技含量高的精深加工技术，提高产品附加值。利用超高压技术、分离膜技术、超临界流体萃取技术、酶工程技术等，开发新型海藻化工生产工艺，开发核心技术装备，提高产品品质。利用“高速分离、高压过滤、高浓度稀释”等新型技术降低水耗能耗。开发推广鲜湿藻类加工技术，简化生产步骤，提高产品黏度和得率。

三是加快高端藻类产品开发。充分发挥高等院校及科研院所的人才、研发平台等科研优势，瞄准国际技术前沿，推动藻类新兴产业技术领域的原始创新和技术集成创新，全面提高藻类加工企业自主创新能力和产业竞争力。以市场为导向，推动藻类化工产品向多品种、高质量、高值化、功能化和专用化的方向发展，全面提升原料产品的质量。不断延伸海洋化工产业链条，促进产业链下游高附加值新产品的研究开发，开发海藻肥、植物生长调理剂等，开发以藻类为原料的新型海洋药物、医用材料及辅料、海藻胶囊、食品添加剂、膳食纤维等功能性保健食品，开发海藻纤维、高档印染助剂等，拓宽在农业、食品、医药、纺织等领域推广应用，延伸产业链条。

四是研究藻类加工及藻类化工废水中有效成分的提取、分离与应用技术，在解决藻类废弃物综合利用的同时，提高其综合利用价值，实现对养殖藻类“吃干榨净”。研究和推广化工生产过程中的废水净化处理循环利用技术，实现藻类化工的节水节能技术及装备突破，推行循环经济理念，打造质量效益相统一、资源环境相协调的可持续发展的绿色发展模式。

## 8.3　山东省藻类产业组织优化实现路径分析

一是加强骨干核心企业的培育。支持企业通过兼并、联合、重组整合等形式扩大规模，形成若干个具有全国乃至国际竞争力的企业集团；充分发挥市场机制作用，推动优势企业强强联合、兼并重组、境外并购和投资合作；鼓励通过壮大主业、资源整合、业务流程再造、资本运作等方式，加强技术创新、管理创新和商业模式创新，在研发设计、生产制造、品牌经营、专业服务、产业链整合等方面形成核心竞争力，壮大有竞争优势的大企业集团；推动重点企业开展上下游联合协作，形成互为市场、利益共享、风险共担、协同发展机制，实现产业链融合发展。

二是引导中小藻类育苗养殖加工企业向专、精、特、新方向发展。藻类产业中的大部分中小企业具有灵活机动、创造力强的特点，适合走专、精、特、新的发展路径。要增强其创业创新活力和吸纳就业能力，支持成长性中小企业做精做优，形成特色产品和特色服务；引导大型藻类企业与中小企业通过服务外包、订单生产等多种方式开展合作，提高协作配套水平；要借助政府环保督查等工作，关停环保不达标、产能落后的小企业，改变藻类企业数量多、规模小而散的局面。

三是推动各微观主体联合形成的中观、宏观组织的形成及结构的优化。各微观主体联合方面，主要为产业链上各环节部分经营主体的联合（如养殖合作社）、各环节所有经营主体的联合（如育苗产业联盟）、多个环节经营主体的联合（如藻类加工企业与经销商的产销联盟）、产业链上所有环节经营主体的联合（如藻类行业协会）等。通过多种中介组织的形成与发展，凝聚产业链主体，进一步弱化生产风险，降低生产交易成本，最大化竞争能力与价值收益。

## 8.4 山东省藻类产业整合优化实现路径分析

一是促进藻类产业供需链整合优化。产业链上下游企业之间的供需关系形成了供需链——上游企业向下游企业输送产品和服务，下游企业和上游企业之间存在大量的信息、物质交换。供需链由需求链、供应链和技术链组成，反映了参与主体之间满足批次供应与需求的契约关系。要促进藻类产业链上企业之间的契约方式由单纯的不稳定的市场交易关系向准市场关系和产权关联关系转变。产权关联关系表现为产业链上的相关企业通过并购、持股的方式形成合作机制；准市场关系表现为企业之间通过非产权关系和非市场关系形成的较为稳定的业务联系，包括上下游企业之间形成的长期合作历史、企业为应对产业竞争环境改变而形成的一种战略联盟关系等。

二是促进藻类产业价值链整合优化。藻类产业链包括海带的育苗、养殖、加工、销售等一系列的价值增值活动，且每一个经济活动都是折翼价值链的增值环节。藻类价值链整合需要通过协调各环节的比例关系，让生产要素顺着产业链实现价值的层层提升，使产业链上的价值分布关系趋于合理。当产业链上某企业利润过低，往往会导致该节点企业的退出，因此相关联的产业链企业就需要通过简化产业链或者让利等互惠形式，保障价值传递的合理分布。

三是促进藻类产业企业链的整合优化。藻类产业企业链的整合优化即产业链上的每一个相关企业共同协作，完成整个产品生产到消费品的生产加工过程，在这一过程中企业间的联系脉络构成了海带产业企业链。包括密切并行企业间联系的横向优化、密切上下游企业间联系的纵向优化以及密切上下游、并行企业间联系的混合优化、密切链内企业与外部相关企业间联系的旁侧优化。

四是促进藻类产业服务链的整合优化。藻类产业链每一个环节的发展都离不开相应的技术、信息、金融等支撑服务。服务链的整合优化即把提供不同产品和服务的中间形态企业整合在一起，以形成提供完整产品和服务功能的网链结构，是藻类产业链上下游有机地联系在一起，将一二三产有机结合，实现藻类产业和相关产业的协调发展。

五是促进藻类产业空间链的整合优化。藻类产业空间链整合优化即产业链在不同地理空间上合理分地，使藻类加工业向藻类养殖原料地集中，合理调整生产力布局。

# 第 9 章　结论与展望

本研究从产业链的视角，从藻类育苗、养殖、加工、消费和贸易等环节对山东省藻类产业的发展状况进行了较为全面的梳理和阐述，并对增值影响因素及产业发展过程中存在的问题进行了比较深入的分析。在此基础上，进一步探讨了山东省藻类养殖面积计量统计问题、紫菜产业推广发展问题、鲁闽藻类产业对比、山东省藻类产业链特征四个重大课题，最后从战略发展角度提出山东省藻类产业提质增效发展思路。

## 9.1　主要结论

### 9.1.1　山东省藻类产业发展形成了较稳定的格局

通过历史比较和横向比较分析了山东省藻类育苗、养殖、加工、消费和贸易等产业链各环节的发展现状。自 2011 年以来，山东省藻类产业的整体发展态势良好，形成了较为稳定的发展格局。

从育苗格局看，荣成市和烟台市是藻类苗种主产区。近几年来，全省育苗量变化较小，维持在 90 亿株以上。

从养殖格局看，荣成市和长岛县依然是山东省藻类主产区，特别是荣成市地位特别突出。近几年来，全省养殖产量与面积较为稳定，变化较小。在具体种类上，紫菜养殖产量与面积显著增加。

从消费格局看，目前省内藻类需求由自产和进口两条途径来满足，进口藻类占总消费量的约 11%；食用消费是山东省藻类消费的主要形式，化工消费也占很大比重，且化工消费主要依靠进口。

从加工格局看，现今全省藻类还是以初级加工品为主，精深加工品占比相对较小；食品加工占比最高，其次是化工加工；在精深加工上，山东省藻类加工逐渐朝着多元化、高附加值的方向发展，已涉及农用产品、生物医药产品、美容养生产品等的生产与研发。同时，藻类功能食品、藻类生物新材料、藻类纤维催生了新的经济增长点。

从国际贸易格局看，我国藻类贸易是进口多于出口。出口的主要是裙带菜、海带，主要出口日本、俄罗斯、中国台湾、美国等；进口的基本是不适合供人类食用的海草及其他藻类、干麒麟菜等用于化工生产的藻类，主要来源于智利、秘鲁、印度尼西亚等。

### 9.1.2　山东省藻类产业发展中个别问题仍较突出

藻类生产发展缓慢。一方面受到海域资源、生产技术、比较优势等因素的影响，藻类育苗与养殖规模发展缓慢，若无较大技术创新，藻类产量将在小幅变动中保持稳定；另一方面人工成本的增加、环保因素的影响对藻类生产有所冲击。

藻类初级加工占比大，且初级加工受限。一是藻类淡干加工受晾晒场地限制；二是藻类盐渍加工受环保规定限制。

藻类化工需求过度依赖国际市场。一方面藻类化工是山东省藻类加工的重要组成部分，且随着经济发展对藻类精深加工的需求不断增加；另一方面省内藻类生产由于产量限制主要用于价格较高的食品加工，化工加工藻类没有价格优势，且省内藻类品种提取物浓度较低，因此，短期内藻类化工加工还将依靠大量进口来满足需求。

藻类销售缺乏话语权，销售方式落后。大多数藻类初级产品的销售方式单一，价格除受市场供需影响外，话语权多被大型企业或收购商把控。特别是长岛县出口的淡干海带，由于主要进口国日本政府对海带进口实施配额管理，收购企业呈垄断态势，大大压低了收购价格。

藻类产业政策较少，且覆盖范围小，政策力度不足，作用较为有限。

### 9.1.3 山东省藻类产业发展方向基本明晰

（1）通过技术创新提高藻类单产。一是在藻类苗种选育技术上有所突破，可针对市场需求开展相对应的苗种选育，实现高产高效创新品种；二是在藻类养殖技术与管理上有所突破，通过科学的养成管理技术实现单产的提高。

（2）通过观念与技术创新减少成本支出，增加产品附加值。抛弃传统观念，大胆革新使用新材料、新设备，减少逐年增加的人力成本压力；通过延长产业链、营销包装等方式增加产品附加值。

（3）充分利用外省和国际资源与市场。一是近年来许多江苏企业来鲁投资发展紫菜产业，山东省紫菜产品也在江苏交易市场进行销售，增加了收益，也推动了山东省藻类产业发展，但是否大规模推广紫菜生产还需慎重；二是充分利用国际市场弥补藻类化工的供需缺口，以保证山东省藻类化工产品的生产。

（4）着力提高藻类产业相关主体组织程度。通过组织优化增加产业凝聚力与话语权，实现产业链的进一步增值。

## 9.2 研究不足与展望

一是由于数据限制，对山东省藻类产业某些环节的分析还不够深入具体，特别是藻类生产成本收益、藻类消费、加工利用等相关数据的缺乏，有些结论只能是大体的趋势判断，尚需进一步分析。下一步将聚焦某一环节进行重点深入研究。

二是缺乏藻类流通环节的研究，书中对藻类流通虽有几处提及，但掌握情况不够深入，未单独成章进行系统分析。下一步将加强流通环节的实证研究。

# 参考文献


程艳，陈丽娇，肖欣欣，等. 2011. 国内外海带加工现状与福建省的发展对策［J］. 福建水产，33（02）：89-92+61.

丁兰平，黄冰心，谢艳齐. 2011. 中国大型海藻的研究现状及其存在的问题［J］. 生物多样性，19（06）：798-804.

都晓岩，卢宁. 2006. 论提高我国渔业经济效益的途径——一种产业链视角下的分析［J］. 中国海洋大学学报（社会科学版），（03）：10-14.

杜冰青，于宁，杜逢超. 2018. 鲁闽海藻产业发展对比分析及山东省海藻产业发展研究［J］. 中国渔业经济，36（02）：71-77.

房景辉，蒋增杰，蔺凡，等. 2020. 桑沟湾海带标准化养殖模式的优势探析［J］. 渔业科学进展，41（05）：134-140.

冯蕾，唐学玺，张培玉. 2005. 海带育种育苗技术研究进展［J］. 科学技术与工程，（08）：491-495.

高金诚，徐英杰 . 1987. 山东省制碘工业稳步发展［J］. 中国水产，4：14.

韩立民，白园园，于会娟. 2016. 我国海藻产业发展思路与模式选择研究［J］. 中国海洋大学学报（社会科学版），（06）：1-6.

韩杨，孙慧武，赵明军，等. 2017. 中国海藻产业发展形势与对策［J］. 农业展望，13（01）：32-37.

何翠翠，张文，魏志远，等. 2019. 海南省海藻产业发展形势与对策［J］. 热带农业科学，39（09）：107-113.

侯仕营，董济军，相昌慧，等. 2018. 威海市藻类养殖产业发展及其碳汇评估研究［J］. 科学养鱼，（12）：4-5.

金振辉，刘岩，张静，等. 2009. 中国海带养殖现状与发展趋势［J］. 海洋湖沼通报，（01）：141-150.

康慧宇，杨正勇，张智一. 2018. 我国海藻产业发展研究［J］. 海洋开发与管理，35（06）：11-14.

康慧宇. 2018. 中国海藻出口贸易影响因素分析［D］. 上海：上海海洋大学.

寇光涛，卢凤君，刘晴. 2016. 东北稻米全产业链的增值模式研究——以三江平原地区为例［J］. 农业现代化研究，37（02）：214-220.

李博. 2015. 我国条斑紫菜产业发展要因及对策分析——以江苏省南通市条斑紫菜产业发展为例［J］. 沈阳农业大学学报（社会科学版），17（04）：412-415.

李大鹏，芦永红，吴超元. 2002. 海带遗传育种及育苗生物技术历史及现状［J］. 生物学通报，（08）：1-3.

李宏基. 1991. 我国裙带菜（Undaria pinnatifida（Harv.）Suringar）养殖技术研究的进展［J］. 现代渔业信息，（06）：1-4.

李基磐. 2010. 中国海带养殖业回顾与展望［J］. 中国渔业经济，28（01）：12-15.

李杰，张睿，张勇. 2019. 藻类养殖产业发展及其碳汇评估研究［J］. 江西农业，（08）：124.

李晓川. 2011. 我国紫菜产业发展、标准状况及安全性评价［J］. 中国渔业质量与标准，1（03）：9-12.

刘贵富. 2006. 产业链基本理论研究［D］. 长春：吉林大学.

刘康，姜国建. 2005. 山东海洋环境问题与管理对策分析［J］. 海洋开发与管理，（06）：116-120.

刘涛，等. 2019. 中国海带产业发展研究 2018［M］. 青岛：中国海洋大学出版社.

吕韩，叶观琼，靳明建，等. 2018. 浙江和江苏沿海大型海藻养殖的生态服务价值［J］. 水产学报，42（08）：1 254-1 262.

罗茵，方琼玟. 2019. 明月海藻　精深加工撬动千亿级健康产业［J］. 海洋与渔业，（02）：53-55.

南春容，杨星星，余海. 2015. 我国大型海藻养殖面积计量方法探讨［J］. 海洋开发与管理，32（01）：34-37.

农业部渔业局. 2012. 中国渔业统计年鉴［Z］. 北京：中国农业出版社.

农业部渔业局. 2013. 中国渔业统计年鉴［Z］. 北京：中国农业出版社.

农业部渔业渔政管理局. 2014. 中国渔业统计年鉴［Z］. 北京：中国农业出版社.

农业部渔业渔政管理局. 2015. 中国渔业统计年鉴［Z］. 北京：中国农业出版社.

农业部渔业渔政管理局. 2016. 中国渔业统计年鉴［Z］. 北京：中国农业出版社.

农业部渔业渔政管理局. 2017. 中国渔业统计年鉴［Z］. 北京：中国农业出版社.

农业农村部渔业渔政管理局，全国水产技术推广总站，中国水产学会. 2018. 中国渔业统计年鉴［Z］. 北京：中国农业出版社.

农业农村部渔业渔政管理局，全国水产技术推广总站，中国水产学会. 2019. 中国渔业统计年鉴［Z］. 北京：中国农业出版社.

农业农村部渔业渔政管理局，全国水产技术推广总站，中国水产学会 . 2020. 中国渔业统计年鉴［Z］. 北京：中国农业出版社.

乔娟，宁攸凉. 2013. 生猪产业链主体纵向协作行为研究［M］. 北京：中国农业出版社.

秦松，林瀚智，姜鹏. 2010. 专家论藻类学的新前沿［J］. 生物学杂志，27（01）：64-67+49.

权伟，应苗苗，康华靖，等. 2014. 中国近海海藻养殖及碳汇强度估算［J］. 水产学报，38（04）：509-514.

全国水产技术推广总站，中国水产学会. 2016. 中国水产品进出口贸易统计年鉴.

宋武林. 2016. 海带的主要功能及加工利用研究现状［J］. 渔业研究，38（01）：81-86.

万涌蓉，孙琛. 2018. 区域间水产品消费影响机理研究［J］. 中国渔业经济，36（05）：12-19.

王远凤，秦臻. 2018. 中国与“一带一路”沿线国家藻类产品贸易实证分析［J］. 中国渔业经济，36（04）：92-100.

徐家鹏. 2019. 农业产业链纵向协作模式：特征、选择与治理优化［J］. 江苏农业科学，47（06）：305-310.

徐涛，刘朋，李凯，等. 2019. 山东省海带产业发展现状及发展策略研究［J］. 山东师范大学学报（自然科学版），34（03）：347-351.

岳昊，孙英泽，胡婧，等. 2013. 中国海带产业及国际贸易情况分析［J］. 农业展望，9（09）：65-69+74.

张兰婷，韩立民. 2017. 我国海藻产业发展面临的问题及政策建议［J］. 中国渔业经济，35（06）：89-95.

张美如，陆勤勤，许广平. 2012. 条斑紫菜产业现状及对其健康发展的思考［J］. 中国水产，（11）：15-19.

张瑛，赵露 . 2018. 中国对美国水产品出口边际影响因素的实证研究［J］ . 南京大学学报（哲学 · 人文科学 · 社会科学），55（06）：54-66.

张壮志，丛义周，曲善村，等. 2010. 我国北方海带育苗现状及发展趋势［J］. 科学养鱼，（05）：1-3.

赵绪福，王雅鹏. 2004. 农业产业链的增值效应与拓展优化［J］. 中南民族大学学报（人文社会科学版），（04）：107-109.

郑星宇 . 2016. 杭州地区居民海产品消费影响因素研究［D］ . 上海：上海海洋大学 .

中国水产学会. 2011. 中国水产品进出口贸易统计年鉴.

中国水产学会. 2012. 中国水产品进出口贸易统计年鉴.

中国水产学会. 2013. 中国水产品进出口贸易统计年鉴.

中国水产学会. 2014. 中国水产品进出口贸易统计年鉴.

中国水产学会. 2015. 中国水产品进出口贸易统计年鉴.

钟美希，韩丰翼. 2017. 中国海藻产业发展的推动力、关键节点及建议［J］. 农业展望，13（05）：61-64+70.

周玉. 2016. “互联网+营销”平台对生鲜农产品供应链的深层影响［J］. 现代食品，（13）：19-22.

朱文博，黄青，侯和要，等 2017. 日照市海藻产业发展现状及对策［J］. 科学养鱼，（11）：3-4.